中华优秀传统文化与大学生教育工作研究

庞晓远　赵剑峰　赵玉龙　著

中国纺织出版社有限公司

内 容 提 要

中华优秀传统文化蕴含了被广大民众认同和接纳的价值观念、道德准则及精神特质。学校必须加强对中华优秀传统文化的教育工作，这对于传承和发展这些宝贵的文化财富至关重要。新的历史时期，高等教育工作者应当将中华优秀的传统文化融入对青年学生的教育管理中，引导大学生积极传承并发展中华优秀传统文化，以此来加强文化自信。本书以中华优秀传统文化和学生教育工作研究为主线，介绍了大学生教育工作的具体实施措施，以期为高校教育工作者提供工作中的参考。

图书在版编目（CIP）数据

中华优秀传统文化与大学生教育工作研究 / 庞晓远，赵剑峰，赵玉龙著． -- 北京：中国纺织出版社有限公司，2025．5． -- ISBN 978-7-5229-2791-6

Ⅰ．K203；G645.5

中国国家版本馆 CIP 数据核字第 2025XN2474 号

责任编辑：李立静　哈新迪　　　责任校对：王蕙莹
责任印制：储志伟

中国纺织出版社有限公司出版发行
地址：北京市朝阳区百子湾东里 A407 号楼　邮政编码：100124
销售电话：010—67004422　传真：010—87155801
http://www.c-textilep.com
中国纺织出版社天猫旗舰店
官方微博 http://weibo.com/2119887771
北京印匠彩色印刷有限公司印刷　各地新华书店经销
2025 年 5 月第 1 版第 1 次印刷
开本：710×1000　1/16　印张：8.75
字数：109 千字　定价：99.90 元

前　言

国家的强大与民族的繁荣依靠的是文化繁荣。实现中华民族的伟大复兴以及"中国梦"的宏伟愿景，增强文化软实力至关重要。中华优秀传统文化蕴含了被广大民众认同和接纳的价值观念、道德准则及精神特质，这些内容极其丰富且深刻。为了促进社会主义的进一步发展，为了实现中华民族的伟大复兴，当代青年应深入学习和了解传统文化，主动承担弘扬中华优秀传统文化的责任，为建设社会主义文化强国出一份力。

中华优秀传统文化凝聚了几千年无数劳动者智慧的积累与精华，构成了中华民族极其宝贵的文化遗产，在全球范围内占有重要地位。因此，高校必须加强对学生的中华优秀传统文化教育，这对于传承和发展这些宝贵的文化财富至关重要。教师应当致力于培养学生的民族自豪感和爱国情怀，同时注重提升学生的道德品质，通过有效地融入中华优秀传统文化的教育，帮助学生形成正确的世界观、人生观和价值观，最终培养出既有品德又有才华的杰出人才。

在新的历史时期，高等教育工作者应当将中华优秀传统文化融入对青年学生的教育管理中，深化对中华优秀传统文化的理解和学习，并将其应用于实际生活。

本书以中华优秀传统文化和学生教育工作研究为主线，主要内容包括中华优秀传统文化概述、中华优秀传统文化与文化自信、中华优秀传统文化的创新性发展及现代化发展、中华优秀传统文化融入高校思政教育、大学生传统文化教育、中华优秀传统文化融入大学生心理健康教育。全书从中华优秀传统文化入手，介绍了大学生教育的具体措施，以期为大学生教育工作者提供参考。

庞晓远　赵剑峰　赵玉龙

2025 年 1 月

目　录

第一章　中华优秀传统文化概述

第一节　中华优秀传统文化的基本概念

一、文化

"文化"是一个应用广泛但同时也充满争议的概念。在现实生活中，如果让一位经济学家解释何为经济，他们通常能迅速给出相同或相近的定义；然而，若是问一位文化研究学者何为文化，却很难从他们口中得到统一的答案。这是因为不同社会背景下的文化形态各不相同，而且在不同的学科和理论框架中对文化的理解存在差异。因此，当被问及"文化是什么"时，大多数文化研究学者往往会回答提问者文化包括什么、文化如何运作的观点和理论模型。近年来，学术界对于文化的定义又出现了许多新的观点。根据定义范围的不同，可以将其分为狭义文化和广义文化两大类。

（一）广义文化

广义文化指的是将文化的概念范围设定得较为宽泛，涵盖了人类在社会历史进程中创造的所有精神和物质财富，由于其广泛的涵盖范围，有时候也被称作"大文化"。持有这种广义文化观点的代表人物包括英国功能学派的创始人马林诺夫斯基以及中国的国学大师梁启超和钱穆等人。马林诺夫斯基认为文化涵盖了所有影响社会科学发展的基本要素，是一个群体所传承下来的各种传统物品、技术方法、思维方式、行为习惯以及价值观念的总和。在他看来，文化包括物质设备、精神文化、语言和社会组织等多个方面。梁启超则提出，文化是人类心智能力所开拓积累出来的有价值的社会成果。他强调文化不仅限于物质层面，如衣物、食物、住所和其他工具等，还包括精神层面的内容，如语言、伦理、政治、学术、美感、宗教等。钱穆认为文化即是我们集体人生的整体表现，它包括政治、经济、军事、文学、艺术、宗教、教育与道德等各个方面，这也体现了广义文化的观念。

（二）狭义文化

所谓狭义文化，指的是将文化的范围限制在人类创造的精神财富之内，通常被称为"小文化"。我们提及文化大部分是指这种狭义文化。例如，西汉时期的刘向在《说苑·指武》中提到："凡武之兴，为不服也；文化不改，然后加诛。"晋代的《补亡诗·由仪》中写道："文化内辑，武功外悠。"南朝齐时期的王融在《三月三日曲水诗序》中也有类似说法："设神理以景俗，敷文化以柔远。"这里的"文化"主要指的是文明教化，着重强调中华文化中的精神文明方面。英国文化学者泰勒在其著作《原始文化》中定义："文化，或者文明，在其广泛的民族学意义上，是指知识、信仰、艺术、道德、法律、风俗以及其他作为社会成员的人所掌握和接受的才能和习惯的综合体。"这里泰勒所描述的"综合体"主要指的是不包括物质层面在内的狭义文化。陈先达坚持所谓的"小文化观"，他表示只有作为观念形态的文化，即精神层面的内容，才能真正体现文化的重要性，并能够影响经济和政治。他一直坚持这种狭义的文化观，认为观念形态的文化属于精神领域。尽管陈先达支持"小文化观"，但他也认识到："从功能的角度来看，无论是广义文化还是狭义文化都有各自的作用。"

（三）本书采用的文化概念

广义文化和狭义文化之间的差异在于它们覆盖的范围不同。本书选择采用广义文化的定义，原因有两点：第一，人类在物质层面和精神层面的创造活动是相互交织的。人类为了满足基本生活需求而创造的物质财富，如衣物、食物、住所等，总是蕴含着人们的智慧、理念、理想及审美情趣等精神元素。同时，精神层面的创造，如思想理论的构建，也需要依托物质载体来实现，并受到物质条件的限制与影响。因此，这两者是不可分割的。比如绘画、雕塑、音乐、舞蹈、建筑以及服装设计等艺术形式，都是物质与精神的统一，很难将它们分开。第二，从研究和实践的角度来看，使用广义文化的定义更为适宜。在探讨中华优秀传统文化的现代价值时，采用广义文化的视角可以让我们以更全面的视野去审视和整理这些宝贵的民族文化资源，从而更好地挖掘和利用这些资源。相反，如果我们只采用狭义文化的定义，仅仅关注精神层面的内容，那么像传统饮食、服饰、建筑等形式多样的中华优秀传统文化内容就会被排除在外。

二、中国传统文化

文化既包括人类创造的物质和精神财富的静态表现，也涵盖了持续创造新文化的动态进程。从空间角度来看，文化具有地域性特征；从时间角度来看，则存在新旧之别。

（一）空间界定

"中国"一词最早出现在西周初期的青铜器"何尊"的铭文中："宅兹中国，自之牧民。"《诗经》中也有记载："民亦劳止，汔可小康。惠此中国，以绥四方。"（《诗经·大雅·民劳》）这里的"中国"指的是周王朝直接管辖的核心区域。后来，"中国"一词主要指代黄河两岸的中原地带。古人认为"中国"的一大特点是文化先进，因此又称其为"中华"。元代学者王元亮在《唐律疏议释文》中解释道："中华者，中国也。亲被王教，自属中国，衣冠威仪，习俗孝悌，居身礼仪，故谓之中华。"在古人的观念里，"中国"是有深厚文化的。然而，考古学的发现表明，中华文化是多元起源的，在黄河流域、长江流域、珠江流域等地都发现了古文化遗址。在长期的发展历程中，随着生产力的进步和领土的扩张，不同地区的文化逐渐交汇融合，各民族的文化日益融合，最终形成了丰富多样的中华文化。因此，从空间角度来讲，中华传统文化是指中华民族在中国广阔地域内创造的传统文化，而不仅局限于"中原文化"或"汉文化"。

（二）时间界定

虽然传统文化一般指的是人类在历史长河中创造的文化，但中华传统文化中的"传统"有特定的时间界限。从春秋战国时期一直到清朝末期，我国古代传统文化的形成和发展先后受到了先秦时期的百家争鸣、西汉儒学、魏晋玄学、隋唐佛学、宋明理学、清朝朴学等文化活动或学说的影响。鸦片战争之后，西方的工业文化涌入中国，给中国传统文化带来了前所未有的挑战。西方民主、科学以及马克思主义等思想逐渐传入中国，并对中国文化产生了深远影响，促使中国文化步入了一个新的发展阶段。因此，以鸦片战争为分界线，中国文化的发展呈现出明显的阶段性差异。在此之前的文化被称为"中国传统文化"，从鸦片战争到新中国成立期间的文化被称为"中国近代文化"，而新中国成立以来的文化则被称为"中国当代文化"。这种文化阶段的划分与中国历史发展阶段的划分是一致的。我们通常所说的"中华文化"涵盖了"中国传统文化""中国近代文化"和"中国当代文化"在内的整个中国文化体系。

三、中华优秀传统文化

上述内容从空间和时间两个维度界定了"中国传统文化"的概念，明确了"中国传统文化"是中华民族在悠久历史中创造的文化。"中国传统文化"的内容非常丰富，既有珍贵的精华，也包含了一些不适用的内容。本书将其中的"精华"称为"中华优秀传统文化"，这部分内容也是本书研究的重点，是我们现在倡导要传承和弘扬的传统文化遗产。

在博大精深的中国传统文化中，哪些可以被定义为优秀传统文化呢？本书认为需要满足三个条件。首先，从成就层面来看，必须达到一定的高度。这意味着优秀文化必须超越普通文化，展现出较高的水平。比如，原始社会中的粗糙工具或简单的图案与舞蹈，由于其技术水平较低，并不足以被称为优秀文化。相比之下，随着生产力的发展，人们创造出的精细金属工具、语言文字以及音乐诗歌等，则因其高水平而被视为优秀文化。其次，从历史角度来看，必须对社会发展产生积极影响，即优秀文化必须在其存在的时代推动了人类社会的进步。虽然所有的文化创造都是为了服务于人类的生活生产，但并非所有文化都能起到积极作用。例如，科举制度有助于更加公平合理地选拔人才，而八股文却限制了人们的思考。因此，科举制度在特定的历史时期可以被视为一种优秀文化，八股文则不能。最后，从当代视角出发，这些文化元素必须具有现实意义。也就是说，优秀文化不仅在过去发挥了积极作用，在现代社会中也应该具有一定的价值。例如，尽管科举制度已经在一百多年前被废止，但它所体现的人才选拔制度和追求公平公正的精神，至今仍然值得我们学习和借鉴。

第二节　中华优秀传统文化的基本内容

从系统论的角度来看，任何一种文化都是由多种文化要素构成的一个具有特定结构和功能的文化体系。这些文化要素种类繁多，在体系中扮演不同的角色并发挥不同的作用。基于它们的特征和功能，我们可以将这些复杂的文化要素分为三个主要层面：精神层面、制度层面和物质层面。精神层面的文化要素是以思想形态存在的，它们体现了人类对世界的认知成果，比如世界观、价值观等。物质层面的文化要素则是以实物形式存在的，代表了人类在改造自然过程中所取得的成就，如生产工具和生活用品等。制度层面的文化要素则处于精神与物质之间，包括人类为了构建社会秩序和社会行为规范而创建的各种制度成果，如政治体制和社会礼仪等。这三个层面的文化要素彼此交织、相互影响，并通过有机组合构成了整个文化体系。同样地，中华优秀传统文化也是一个由精神、制度和物质三个层面文化要素构成的体系。为了更好地理解中华优秀传统文化在当代的价值，接下来我们将对这三个层面的文化要素进行简要分析和阐述。

一、精神层面文化

精神层面的文化成果代表了人类对于世界的深刻理解和认知。中华民族在悠久的历史长河中，通过持续不断的探索和积淀，形成了丰富而深厚的精神性成果，这些成果为中华民族的成长和发展提供了宝贵的精神滋养。下面重点介绍六个方面的精神层面文化成就。

（一）民族精神

民族精神是全体中华儿女在长期的社会实践中不断积累而成的宝贵精神财富，是我们面对各种困难和挑战时依靠的强大精神支撑。中华民族的精神内核是以深厚的爱国主义情感为基础，融合了团结一致、爱好和平、勤劳勇敢、自强不息等多种美德的伟大精神。爱国主义作为中华民族精神的核心，早已深深地融入每一个中华儿女的心灵深处，成为中华优秀传统文化不可或缺的一部分，并且至今仍然深刻地影响人们的思想与行为。团结统一的精神则是确保中华民族始终能够保持完整统一、持续繁荣昌盛的重要精神纽带。爱好和平体现了中华民族在处理国际关系时所秉持的一种高尚理想。勤劳勇敢是中华民族的显著特点，既有"业精于勤""天道酬勤"的勤奋传统，也有"见义勇为""英勇不屈"的勇敢表现。自强不息的精神则是推动中华民族不断向前发展的强大动力，中华民族的历史就是一部充满自强不息、不断开拓创新的辉煌巨著。因此，伟大的中华民族精神不仅是中国优秀传统文化的重要组成部分，也是中华民族生生不息、持续发展的不竭动力。

（二）治国理念

中国古代的治国理政思想极为丰富多元，特别是先秦时期的诸子百家，他们对"治国之道"的探讨尤为深刻。这些思想家从不同的角度出发，提出了各自独特的治国理念，构成了中华民族宝贵的思想文化遗产。儒家强调以"仁""义""礼""智""信"为核心的价值观，主张民本思想，认为"民为贵，社稷次之，君为轻"（《孟子·尽心下》），并提倡实行"仁政"和"王道"，以建立一个"选贤与能，讲信修睦""是故谋闭而不兴，盗窃乱贼而不作"（《礼记·礼运》）的大同社会。墨家则提倡"兴天下之利，除天下之害"（《墨子·兼爱中》），推崇"尚同""尚贤""兼爱""非攻""节用""非乐"的治国原则，强调以普遍的爱和实用主义为基础的社会治理方式。道家倡导"治大国如烹小鲜"(《道德经》),主张采取"无为而治"的方法,通过"小国寡民"的策略实现国家的治理。法家则强调法律的重要性,认为"奉法者强,则国强;奉法者弱,则国弱"(《韩非子·有度》),并提出"法""术""势"的理念,主张通过严格的法制来管理国家。此外,还有农家、纵横家、阴阳家、名家等学派的思想家们,他们也都各自贡献了独特而深刻的治国理念。例如,关于是以"德"治国还是以"法"治国,是以"无为"而治还是"有为"而治,是以"民"为本还是以"君"为本,是通过"变法"求强还是"守法"求强,是依靠"农"立国还是依靠"商"立国等问题,古代学者们进行了深入广泛的讨论。这些不同的观点和理论不仅反映了古代中国的政治哲学多样性,也为我们今天理解和实践有效的社会治理提供了宝贵的参考。先秦诸子的治国理政思想及其后世的发展与反思,构成了中华民族深厚的思想智慧宝库。

(三)传统美德

中华民族自古以来就深植道德信仰,《论语》一书详尽阐述了仁、礼、孝、悌、忠、恕、恭、宽、信、敏、惠等诸多德行条目,以及温、良、俭、让、诚、敬、慈、刚、毅、直等人格特质,更倡导克己复礼、中庸之道等处世哲学。中华传统美德,其内涵广博而深远,体现在"爱亲及人,泛爱万物"的仁爱之心;"富贵不淫,贫贱不移,威武不屈"的坚韧气节;"国家兴亡,匹夫有责"的深切爱国情怀;"君子坦荡荡,小人长戚戚"的豁达胸襟以及"己所不欲,勿施于人"的黄金法则之上,这些无一不体现着中华民族道德风貌。学者们对此进行了精练概括,总结出包括仁爱孝悌、谦和礼让、诚信报德、精忠报国、克己奉公、修身自律、见利思义、勤俭廉洁、宽厚待人、勇毅践行在内的十大美德,它们不仅涵盖了个人在家庭和睦、社会交往及国家责任中的行为准则,更是中华民族的重要精神支柱和道德基石。

（四）文学艺术

中华优秀文学艺术作品数量庞大，艺术水准极高，堪称中华民族引以为豪的文化瑰宝。在中国古代文学领域，成就尤为显著。正如王国维所言："每个时代都有其独特的文学形式：楚国的骚体诗，汉代的辞赋，六朝的骈文，唐代的诗歌，宋代的词，元代的戏曲，这些都是各自时代最具代表性的文学形式，并且后世难以超越。"此言非虚，历经千年的洗礼，许多经典文学作品如《诗经》《楚辞》《汉赋》《唐诗》《宋词》《元曲》以及明清的小说等依然流传至今，在思想深度和艺术表现力上均达到了世界级的高度。众多杰出的文学家，如屈原、陶渊明、李白、杜甫、白居易、苏轼等，他们的诗词是中国文学的精华。而诸如《红楼梦》《三国演义》《水浒传》《西游记》《儒林外史》《聊斋志异》等经典小说，则以其深刻的社会洞察力和生动的艺术形象，不仅深深影响了中国的文化和社会，还跨越国界，赢得了世界的广泛赞誉和认可。在先秦时期，诸如《孟子》《庄子》《韩非子》《吕氏春秋》等诸子百家的作品，以及《左传》《史记》《汉书》《资治通鉴》等历史典籍，均展现了极高的文学价值。

在艺术领域，中国在建筑、雕塑、书法、绘画、音乐和戏剧等多个方面都取得了卓越的艺术成就。例如，书法大师王羲之、颜真卿、柳公权、张旭、苏轼、黄庭坚、董其昌等人的作品，不仅展现了书法艺术的魅力，更成为传世的经典之作。在绘画方面，阎立本、王维、黄公望、倪瓒、文徵明、唐寅等人的画作，以其独特的风格和精湛的技艺闻名于世。在戏剧方面，关汉卿、王实甫、马致远、白朴、汤显祖等剧作家创作的剧本，则是中国古代戏剧艺术的巅峰之作。

（五）历史经验

中国自古以来就非常重视历史，并且有悠久而连续的历史。国学大师钱穆曾经说过："中国是世界上历史记录最为完备的国家。"他总结了中国历史的三大特点：首先是"悠久"，从黄帝的传说至今已有将近五千年历史；其次是"无间断"，自文字出现以来，历史记载从未中断；最后是"详密"，即史书种类繁多，内容丰富。中国的史书种类多样，例如，纪传体正史就有二十四部，合称"二十四史"；编年体史书则包括《春秋》《左传》《资治通鉴》等；纪事本末体的著作有《通鉴纪事本末》《圣武记》等；别史类有《通志》《续通志》等；政书类有《通典》《文献通考》等；学术史类有《明儒学案》《清代学术概论》等；杂史类有《国语》《战国策》等；史评类有《史通》《文史通义》等。这些丰富的历史典籍详细记录了中华民族的自强不息、发展壮大，既包含了升平之世的社会发展经验，也记录了衰败时期的动荡和历史教训。在中国历史上，如"文景之治""贞观之治""开元盛世""康乾盛世"等时期，社会安定、经济繁荣、文化昌盛的经验被详细记载；而秦朝和隋朝的短暂统治、汉朝和唐朝的盛极而衰、魏晋南北朝的分裂动荡、宋朝的文武失衡、明清时期的闭关锁国等教训也被记载。此外，中国古代在制度建设、经济发展、变法改革、反腐倡廉、选人用人、修身立德、民族融合、对外交往、国防建设、军事战斗等方面积累了极其丰富的历史经验和教训，这些都为后续研究提供了参考和启示。

（六）思维方式

思维方式是指人们观察和理解世界的视角、方式与方法，不同的思维方式是导致文化差异的关键因素之一。中华民族在这方面展现出其独特性。

中国传统思维方式的一个显著特点是注重整体性。中国的传统思维方式中蕴含了丰富的哲理和智慧，尤为突出地表现在以下三方面。

首先，重视整体观。正如庄子所言："泛爱万物，天地一体也。"（《庄子·天下》）明代王守仁也有类似的见解："天地万物为一体。"而清代学者陈澹然则进一步阐述："不谋万世者，不足谋一时；不谋全局者，不足谋一域。"（《寤言二·迁都建藩议》）。这些观点共同强调了从宏观角度看待事物的重要性，认为个人乃至宇宙万物之间存在不可分割的联系。

其次，推崇辩证思维。中国古人相信世间的一切事物都是对立统一的体现。例如，老子曾提到："有无相生，难易相成，长短相形，高下相倾，音声相和，前后相随。"（《道德经》第二章）孔子则主张："欲速则不达""过犹不及"。《左传》中有这样的表述："宽以济猛，猛以济宽，政是以和。"（《左传·昭公二十年》）。

最后，强调体悟的重要性。孔子曾经说过："不愤不启，不悱不发，举一隅不以三隅反，则不复也。"（《论语·述而》）意思是学习应当通过自己的思考来获得启发。庄子也表达了类似的观点："蹄者所以在兔，得兔而忘蹄。言者所以在意，得意而忘言。"（《庄子·外物》），这表明语言是用来传达意义的工具，真正重要的在于领悟背后的含义。而理学大家朱熹则认为："至于用力之久，而一旦豁然贯通焉，则众物之表里精粗无不到，而吾心之全体大用无不明矣。此谓物格，此谓知之至也。"（《大学章句》）。

二、社会层面文化

中华文明源远流长，在不同的历史阶段形成了独特的制度。这些制度作为人类构建社会关系和规范行为的重要文化成果，为维护社会稳定提供了坚实的基础。

下面从三个方面具体介绍这些制度层面的文化成就。

（一）政治制度

中国古代政治制度是特定社会中统治阶级通过组织政权来实现其政治统治的原则和方式。在国家管理、政府机构设置及政策实施等方面，中国古代形成了许多具有民族特色的政治制度，这些制度涵盖了行政、司法、监察、选官、教育和财政等多个方面。例如，中国古代的选官制度经历了几个重要的发展阶段。秦朝之前，主要采取的是"世卿世禄"制度，即官职世代承袭。到了秦朝，开始推行基于军功的爵位制度。汉代则采用了更为进步的察举制和征辟制，这在选拔官吏时提高了人才选拔制度的科学性和合理性。进入魏晋南北朝时期，九品中正制成为主流，尽管这一制度一度导致"上品无寒门，下品无势族"（《晋书·刘毅传》）的局面，限制了人才的合理选拔，然而，自隋唐开始，科举制度被广泛采用，通过公开考试来选拔官员。尽管明清时期的科举制度存在诸多问题，但相对而言，它更加公平公正，打破了阶级壁垒，为国家选拔了大量德才兼备的人才，推动了社会的进步。另一个例子是中国古代的监察制度。据《周礼》记载，早在周代就已设有专门负责治理贪污腐败的监察官。从秦汉至后世各朝，都建立了相应的监察机构，形成了比较完善的监察体系。这些制度有效地遏制了腐败现象，促进了政治的清明。这些传统的政治制度，尽管是阶级社会实现统治的工具，但在很大程度上促进了社会的发展，并且对当今的制度建设仍具有一定的借鉴价值。

（二）社会礼仪

中国自古以来就被誉为"文明古国""礼仪之邦"。正如孔子在《论语·尧曰》中所说："不学礼，无以立。"而在《左传·昭公二十五年》中也有这样的表述："夫礼，天之经也，地之义也，民之行也。"此外，《资治通鉴·周纪一》更是强调了礼仪的重要性："夫礼，辨贵贱，序亲疏，裁群物，制庶事。

非名不著，非器不形。名以命之，器以别之，然后上下粲然有伦，此礼之大经也。"由此可见，中国古人对于"礼仪"非常重视。早在上古时期，就有"礼仪三百，威仪三千"（《礼记·中庸》）的说法。到了周代，"礼仪"的发展使其具有丰富的内容和文化形式，不仅成为家庭生活和社会交往中的行为准则，还在政治活动中扮演重要角色。儒家的经典著作《仪礼》《礼记》《周礼》合称"三礼"，其中记载了许多周代的礼仪细节，被视为中国古代礼仪制度的基础和百科全书，对后世产生了深远影响。在具体的礼仪分类上，中国古代有所谓的"五礼"之分：祭祀之事称为吉礼、丧葬之事称为凶礼、军旅之事称为军礼、接待宾客之事称为宾礼、冠婚之事称为嘉礼。这些分类规范了当时社会生活的各个方面，构成了中国古代礼仪体系的基本框架。中国古代的礼仪源于西周时期的封建宗法制度，作为维护社会秩序和尊卑等级的重要工具。然而，到了近代，随着时代的发展，传统礼仪的一些弊端日益显现，成为新文化运动批判的对象，并逐渐被现代礼仪所替代。即便如此，传统礼仪中体现的尊重贤能、敬老爱幼、谦逊有礼的社会风尚及其所倡导的人际和谐、社会和谐的价值观，仍然具有重要的当代价值。

（三）民俗节日

中国的民俗节日是民族文化的重要组成部分，体现了中华民族的生活方式和文化身份。中国拥有众多民俗节日，这些节日共同构成了中国丰富多彩的民俗节日文化。在漫长的历史进程中，中国形成了许多传统的节日，如春节、元宵节、清明节、端午节、七夕节、中秋节和重阳节等。每一个节日都有其独特的习俗和文化内涵。比如关于春节的诗歌《元日》这样描述："爆竹声中一岁除，春风送暖入屠苏。千门万户曈曈日，总把新桃换旧符。"这首诗生动地展现了春节辞旧迎新的热闹景象。而关于重阳节的诗歌《九月九日忆山东兄弟》

则写道："独在异乡为异客,每逢佳节倍思亲。遥知兄弟登高处,遍插茱萸少一人。"这首诗表达了游子在重阳佳节思念家乡亲人的深情。除了这些广为人知的节日外,中国众多的少数民族也各自保留着传统节日,如彝族的火把节、藏族的燃灯节、高山族的丰收节、苗族的开秧节、壮族的牛魂节、傣族的泼水节以及蒙古族的白节等。

三、物质层面文化

物质层面的文化体现了人类通过改造自然所取得的物质成就。这种文化具有明确的生活实用性和目的性,主要目的是满足人们生产和生活的需要而创造的物质成果。中国古代的物质层面文化内容繁多,下面重点介绍其中三个方面的主要成就。

(一)历史文物

中华民族拥有源远流长的历史,其深厚底蕴孕育了无数珍贵的历史文物。这些文物是先辈们勤劳智慧与创造力的璀璨成果,更是历史的忠实记录者、文化的鲜活载体,蕴含着不可估量的历史、艺术及科学价值。在浩瀚的历史长河中,我国传承下来的文物,数量庞大且种类繁多,体现着我国独特的建筑文化,如古遗址、古建筑、古墓葬、石窟,无一不彰显着古代文明的辉煌。其中,部分文物已经被联合国教科文组织遴选为世界文化遗产,如长城、故宫、颐和园、敦煌莫高窟、秦始皇陵及兵马俑坑等。截至2017年,中国已拥有52项世界遗产,其中文化遗产36项,文化与自然双重遗产4项,数量之众,举世瞩目,展现了中华民族在世界文化遗产保护领域的卓越贡献。另一类则为可移动文物,包括石器、玉器、陶器、瓷器、金属器、石刻、玺印、书画、古籍文献、拓片以及"文房四宝"等,每一件都是匠心独运的艺术珍品。如司母戊铜鼎、曾侯乙编钟、四羊方尊、马踏飞燕、越王勾践剑、《富春山居图》、《清明上河图》

等，这些国宝级文物，不仅代表了各自时代的最高艺术成就，更是中华民族文化血脉中不可或缺的组成部分。然而，近代以来，中国历史文物历经劫难，遭受了掠夺、破坏有的甚至流失海外，给中华民族的文化遗产造成了难以估量的损失。

（二）传统饮食

自古以来，食物便是民众生活的基石，中华民族自掌握火烹之术起，便逐步孕育出绚烂多彩的饮食艺术。学界公认，中国古代饮食文化的滥觞可溯至夏商，至周代则趋于成熟。《礼记·内则》详尽记载了周朝多样的烹饪技法，如煎、熬、炸、炖、炙、熏烤等，彰显了当时饮食文化的高超水准。随着生产力的跃升与民族交融的加深，秦汉至唐宋，饮食文化持续繁荣，至明清时期更是达到了巅峰。明清典籍如《宋氏养生部》等，记录了当时饮食的丰富多样、制作精良与技术精湛，令人赞叹不已。传统饮食由八大菜系构成，每一菜系皆色香味形俱佳。茶文化与酒文化，作为传统饮食文化中不可或缺的部分，历史悠久且地位显赫。它们不仅是解渴之物，更深深融入人们的精神世界与社会生活。经文人墨客的吟咏与颂扬，茶与酒更被赋予了艺术灵魂，与文学艺术并肩，成为中华文化中独树一帜的文化符号。近年来，《舌尖上的中国》系列纪录片热播，使世人深刻感受到了中华传统饮食的深厚底蕴与无限魅力。

（三）传统服饰

服饰作为民族文化的一面镜子，直观展现了各民族的独特风貌。孔子曾言："微管仲，吾其被发左衽矣。"（《论语·宪问》）此言以服饰差异指代的文化乃至民族之别。中国古代服饰文化，源远流长，与时俱进，服饰文化伴随着中国社会的进步而不断演变。二十四史中，十部正史特设《舆服志》，详尽记录了各朝服饰制度，是研究古代服饰不可或缺的宝贵资料。此外，《西京杂记》等典籍亦载有大量服饰信息，为后世提供了丰富的历史资料。20世纪，沈从文先生的《中国古代服饰研究》一书，配以七百幅图像，勾勒出古代服饰的壮丽图景。中国，这个多民族融合的大家庭，地域辽阔、气候多样、不同民族习俗各异，服饰文化呈现出百花齐放之势。尽管现代服饰文化日新月异，但汉服、唐装、旗袍等传统服饰，作为中华文化的瑰宝，其魅力穿越时空，历久弥新。

第三节 中华优秀传统文化的内涵

一、"天下兴亡，匹夫有责"的爱国精神

五千年的历史长河中，爱国主义始终贯穿于中华民族的历史与优秀的文化传统中，发挥强大的凝聚力和向心力。深厚的爱国情怀是铸就爱国精神的根基，也是联结全球炎黄子孙的纽带。

（一）爱国主义，经久不衰的国魂

爱国是一种深厚的感情，它使人们对自己祖国坚定不移的热爱。这种情感深植于中华民族的传统中，与我们的文化血脉紧密相连。自古以来，无数仁人志士，如康有为、梁启超、孙中山等人，不断地继承和发展了爱国主义精神，使之成为中华民族生存与发展的重要基石。像屈原的"长太息以掩涕兮，哀民生之多艰"；林则徐的"苟利国家生死以，岂因祸福避趋之"；谭嗣同的"我自横刀向天笑，去留肝胆两昆仑"。正是这种以爱国主义为核心的精神，凝聚了中华民族的力量，使得中国能够作为一个统一的多民族国家，长久屹立于世界舞台。

（二）抗敌御侮，维护祖国尊严的国格意识

爱国主义作为一种强大的精神力量，在中华民族面临危机之时能够激发出国人巨大的凝聚力。特别是在近现代史上，当帝国主义国家对中国实施侵略时，这种力量显得尤为重要。近代中国并没有完全沦为殖民地，其中一个重要原因在于中华民族的民心始终坚韧不拔，民族精神未曾消逝。面对帝国主义的野蛮侵略，中国人民的爱国主义情感被进一步激发，这股力量成为抵抗外敌、保卫家园的重要支柱。每当帝国主义的侵略行为变得更加猖獗，中华民族的爱国主义精神就越发高涨，展现出不屈不挠的意志。

1839年6月，林则徐在虎门销毁鸦片，此举向全世界展示了中国人民坚决禁烟的决心和抵抗外来侵略的坚强意志。1841年5月，三元里民众自发组织起来抗击英国侵略者，这不仅展现了中国人民不愿屈服于外国压迫的斗争精神，同时也彰显了中华民族强大的团结力量。1900年，义和团运动兴起，他们以血肉之躯在京、津、廊坊等地对八国联军发起了猛烈反击，使得中华民族反抗外来侵略的精神震撼了全世界。八国联军的首领瓦德西不得不承认：不应忘记，中国境内共有4亿人，无论欧美还是日本各国都没有足够的智慧和兵力来统治这个拥有四分之一世界人口的大国。然而，仅仅30年后，日本似乎忘了瓦德西的警告，悍然发动了侵华战争。中国人民奋起反抗。在中国共产党的领导下，中国人民进行了长期而艰苦的斗争，最终日本侵略者签署投降书，中国人民取得了抗日战争的伟大胜利。历史告诉我们：中华民族具有非凡的凝聚力。

中国人民自古以来就拥有强烈的国家意识。例如，蔺相如的"完璧归赵"之举，"国不受欺，晏子使楚，国不受辱"，都充分体现了这种深厚的爱国主义观念。进入近代，北洋军阀政府对外妥协，导致国家权益受损，民族尊严受到严重挑战。在这种背景下，"外争国权，内惩国贼"的呼声日益高涨，激发了全国人民的爱国热情。1919年，五四运动爆发，正是在爱国主义精神的感召下，广大青年学子和社会各界人士共同参与的一场爱国运动。最终，北洋军阀政府被迫撤销了三位卖国贼的职务，并拒绝在损害国家利益的巴黎和约上签字。这种抵御外侮、捍卫祖国尊严的爱国主义意识，在中华民族的历史长河中从未被遗忘。

（三）勤劳智慧，创造灿烂的文明

爱国主义精神不仅体现在抵御外侮、保卫祖国的斗争中，同样体现在建设和发展祖国的过程中。自古以来，中华民族在这片辽阔的土地上世代繁衍生息，各族人民凭借自己的勤劳、智慧和汗水，共同创造了辉煌灿烂的中华文明。几千年前，我们的祖先便在黄河流域和长江流域开始了粟、稻、黍等农作物的种植活动，使得中国成为世界上最早种植水稻的国家之一。中国还是丝绸和茶叶的故乡，在19世纪末之前，中国的茶叶出口量长期位居世界第一。此外，中国被誉为"瓷器之国"，那些薄如纸张、敲击之声悦耳动听的艺术瓷器，曾远销世界各地，深受各国人民的喜爱。同时，中国也是世界上最早掌握冶金技术的国家之一，商代的青铜器——四羊方尊以其奇异的造型和精湛的工艺闻名于世，堪称稀世珍品。作为世界四大文明古国之一，中国古代的科学技术一直处于世界领先地位。"四大发明"——造纸术、印刷术、火药和指南针，这些伟大的创新不仅深刻促进了中国社会的发展，而且在传入西方之后，极大地推动了欧洲乃至全世界的社会变革和历史进程，为人类文明的进步做出了重要贡献。

《诗经》大约在公元前6世纪编纂完成，它是世界上最古老的诗歌集之一。而《全唐诗》这部庞大的作品收录了约900卷，涉及2200位诗人创作的5万首诗歌。再来看《二十四史》，它共有 3249 卷，内容长达 4000 万字，系统而完整地记载了从有文字出现起至清代之前约 4000 年历史，这种规模在世界上独一无二。明朝编撰的《永乐大典》共计 22 877 卷，是世界上最早且规模最大的百科全书。清朝的《康熙字典》收录了 47 035 个汉字，不仅是世界上最早的字典，也是字数最多的字典之一。敦煌莫高窟保存着古代壁画达 45 000 平方米，还有 2 400 多尊彩塑，被誉为"世界上最大的艺术宝库"之一，并享有世界声誉。举世闻名的万里长城，全长 21 196 千米，这一宏伟的人类建筑成就在历史上极为罕见。隋朝时期开凿的京杭大运河贯穿中国南北，连接海河、黄河、淮河、长江和钱塘江五大水系，全长大约 1 800 千米，是世界上最早、规模最大、流程最长的人工大运河。张骞出使西域、玄奘前往印度取经、鉴真东渡日本传播佛法以及郑和七次下西洋等壮举，不仅弘扬了中华文化，也为东西方文化的交流搭建了桥梁，起到了重要的推动和促进作用。中国古代文明之所以在长时间内保持领先地位，一个重要原因是它能够不断地吸收来自世界各地的文化精髓，从而开拓、丰富和发展自己。中华民族凭借勤劳与智慧创造出了辉煌灿烂的文明，这正是今天我们得以继续前进和发展的重要基础。

二、开拓进取、自强不息的奋进精神

中华民族历来具有开拓进取、自强不息的精神特质。这种精神在《周易》中就有所体现，书中提到："天行健，君子以自强不息。"这里所说的"健"指的是刚健有力、积极主动的态度；"自强不息"则意味着始终保持积极向上的状态，永不懈怠。这句话深刻揭示了中华民族坚韧不拔、不断进取的核心精神特征。

自我放弃者，难以沟通共谋；自我堕落者，无法携手共进。中华文化历来推崇不懈奋斗、勇于进取的精神，摒弃消极逃避与自我毁灭的态度，这种精神跨越时空，激励人们追求卓越，勇于担当。苏秦刺股求学、匡衡借光苦读、孙敬悬梁励志等故事，皆是中华民族勤奋好学、逆境成才的光辉典范。

三、天下为公、崇尚一统的执着精神

（一）天下为公的执着追求

中华民族孕育了强调集体和谐与团结的群体主义精神。正如孟子所言："人有恒言，皆曰'天下国家'。天下之本在国，国之本在家，家之本在身。"基于这种认识，儒家为代表的伦理思想体系始终强调个人、家庭与国家三者之间紧密相连的关系，"大道之行也，天下为公"。中国传统文化中对于"大同世界"的憧憬，其核心就在于"公"字，倡导的是无私奉献的精神。这一理念在新的历史时期得到了进一步发展与升华，体现为共产主义精神中的大公无私。同时，"民为贵，社稷次之，君为轻"这句话深刻反映了"天下为公"的价值观。

（二）"厚德载物"的凝聚精神

在中国悠久的历史文化中，《周易》中的"厚德载物"这一理念逐渐升华成为中华民族追求团结、宽容与宽厚的精神象征。民间广为流传的故事，比如"五双筷子折不断"，无不蕴含着团结一致的重要性。孟子通过攻守城池的胜败例子，有力地论证了"天时不如地利，地利不如人和"的道理，强调了人心齐、泰山移的道理。《史记》中记载的廉颇与蔺相如将相和的故事，更彰显了团结合作能够使国家强大的历史事实。这些鲜活的例子表明，中国人历来都将团结视为力量的源泉，尤其在外敌入侵的关键时刻，更能迅速凝聚成一股强大的抗敌力量。如果没有这种深厚的团结意识和凝聚精神，中国这样一个拥有众

多人口和多元民族的国家是不可能延续至今的。中国人民一直追求和谐、崇尚统一。这种坚定不移的精神，对于加强民族团结、提升民族凝聚力产生了深远影响。

四、重德修身、追求崇高的人格精神

（一）人本思想——传统道德的理论基础

中华传统文化中，人本思想强调人的内在价值不容忽视。孟子深刻指出："无恻隐之心，非人也；无羞恶之心，非人也；无辞让之心，非人也；无是非之心，非人也。"此四心，实为仁、义、礼、智之萌芽，即"四善端"，它们构成了人与兽类本质区别的基石。人若能自觉认知并培育这些优势，社会便如初燃之火，新涌之泉，充满无限生机与活力。若加以发展，足以安邦定国；反之，则连孝养双亲亦显不足。这种人与动物的本质差异，恰如鸡蛋可孵化新生命而卵石则恒久不变，深刻揭示了人性光辉的独特性。

（二）重德修身——立身治国的根本原则

中国传统文化高度重视道德的作用，认为"德，国之基也""太上有立德，其次有立功，其次有立言。虽久不废，此之谓不朽也"这表明在立德、立功、立言这"三不朽"中，立德被置于首位。同时，也有这样的观点："有德必有人，有人必有土，有土必有财，有财必有用。德者，本也；财者，末也。"这句话强调，在德、人、土、财等要素中，唯有德是最宝贵的。中华文化的核心在于推崇高尚的道德品质，并且认为形成这样的品质并非遥不可及。古语云："圣人之于民，亦类也。出其于类，拔乎其萃。"这意味着圣人与普通人同属一类，但他们之所以超越常人，是因为他们注重人格修养，形成了追求自我完善的道德精神。"自天子以至于庶人，壹是皆以修身为本。"无论身份高低，修身都是根本。此外，个人的道德品质提升离不开教育。孔子认为教育的目标不仅是传授知识，更重要的是培养人的道德品质。在他看来，教育的力量能够改变人的素质，因此他提出"有教无类"的主张。孟子进一步阐述并强调："善政不如善教之得民也。善政民畏之，善教民爱之。善政得民财，善教得民心。"这些观点从不同的角度论证了德教对于国家的重要性。汉代贾谊也提到："礼者禁于将然之前，而法者禁于已然之后。"这意味着通过道德教育可以预防错误的发生，而法律则是在错误发生后起到约束作用。这些观点得到了汉武帝的认可，这也是汉朝推崇儒家学说的原因之一。

（三）由义及仁——人格完美的正确道路

孟子曾说过："仁，人之安宅也；义，人之正路也。旷安宅而弗居，舍正路而不由，哀哉！"他以此告诫世人：仁，如同人们最安逸的住所；义，则是人们最正确的道路。如果空着最安逸的住所不去居住，抛开最正确的道路不去行走，那是多么可悲的事情！在儒家的思想体系里，"仁"不仅代表一种社会政治理念和最高道德准则，更是理想人格的核心与完善人格的至高境界。"义"则被视为通往"仁"的正确路径。孔子曾教导人们不要只谈无关紧要之事，而应思考"义"，主张面对利益时考虑是否合乎"义"，鼓励人们勇于践行"义"。孟子更进一步提倡优先考虑"义"，以"义"统领"利"，在"义"与"利"不可兼得之时，应当选择"舍身取义"。中华民族的道德精神精髓就在于将道义视为人的根本特征和价值导向。这种观念升华成为"生以载义""义以立生"的人生哲学，并具体表现为"富贵不能淫，贫贱不能移，威武不能屈"的崇高道德追求。正如孟子所言："仁，人心也；义，人路也。舍其路而弗由，放其心而不知求，哀哉！"他认为，仁是人的本质属性，义是人应当遵循的道路。如果放弃这条正确的道路，丧失了自己的本性却又不知道去追寻它，那真是悲哀之极。有些人丢失了鸡犬会去寻找，但失去了自己的本性却不懂得找回。做学问的根本方法，其实就是找回自己失去的本性而已。

第二章　中华优秀传统文化与文化自信

第一节　中华优秀传统文化与文化自信概述

一、中华优秀传统文化是文化自信的基石

中华优秀传统文化蕴含着无数先辈千百年来探究实践的生存智慧，是当代中国人继往开来的根本，是全体国民养成文化自信的基石。

（一）立足中华优秀传统文化是增强传统文化生命力的必然要求

据尤瓦尔·诺亚·赫拉利所著的《人类简史》中记载，人类史上曾有数千种人类文明。然而，随着时间的流逝，如今世界上仅剩下寥寥几个文明还在持续传承。其他文明要么因战争被征服吞并，要么因人丁稀少而衰落消亡，要么因历史原因而被迫中断。只有华夏文明历经几千年的变迁至今仍保持着连续性。这一点可以证明，由中华民族缔造的优秀传统文化具备强大的生命力。2022年，党的二十大报告强调，"全面建设社会主义现代化国家，必须坚持中国特色社会主义文化发展道路，增强文化自信，围绕举旗帜、聚民心、育新人、兴文化、展形象建设社会主义文化强国"。为了延续中华优秀传统文化的生命，必须将优秀传统文化元素融入当代中国的文化强国事业建设发展中，让国人感受中华优秀传统文化的魅力，培养人们的文化自信。

（二）立足中华优秀传统文化是文化发展的必然要求

中国现代文化是在中国传统文化的基础上发展而成的。增强国民文化自信是中国现代文化建设的核心议题，而弘扬中华优秀传统文化则是中国现代文化建设的重要一环。中国共产党通过批判性地取舍和继承中国传统文化的精华部分，创造性地提出要构建符合中国国情、系统严谨、面向大众的新时代中国特色社会主义文化，此举为推动国内文化发展提供了很大助力。这一过程不仅是对传统文化的简单传承，更重要的是要在继承的基础上进行创新与发展，使传统文化焕发新的活力，为建设社会主义文化强国提供源源不断的动力。

（三）立足中华优秀传统文化是提升软实力的需要

国与国之间的竞争从来都不只是单纯的硬实力较量，还涉及国家的文化、意识形态和价值观等软实力方面。在当今国际化日益加深的世界格局下，抓紧时间发展软实力是每个国家发展道路上不可或缺的一环。几千年前，我国先贤就已经意识到了软实力的重要性。《黄帝四经》曰："重柔者吉，重刚者灭。"老子的《道德经》曰："天下之至柔，驰骋天下之至坚。"如果说硬实力是国家的体魄，那么软实力就是国家的面容，发展软实力等同于国家在提高自身的整体国际形象，而软实力强大的国家自然比软实力弱的国家能够吸引更多的国际关注。中国发展软实力需要从优秀传统文化中发掘软实力因子，博大精深的中华优秀传统文化中那历经数千年积累的智慧与思考是发展我国软实力的优势所在，是使人民有力文化自信的有力保障。

二、中华优秀传统文化的内容特质与文化自信

中国传统文化发展受儒、佛、道三家影响较多，中国传统文化讲求"重

人""重德""重和"。"重人"是中国传统文化的一个重要特征。西周时期，我国古人就有了"惟天地万物父母，惟人万物之灵"的观念。春秋时期，孔子提出"仁者，人也"，他教导弟子要"仁者爱人"。我国古代很多学派的思想都受到了孔子"仁者爱人"思想的影响，这也使得我国古代人民能够坚持人本主义思想，使得中华民族独立自主地发展。"重德"是中国传统文化的另一个重要特征。春秋时期，鲁国叔孙豹提出"立德，立功，立言"的"三不朽"，其中以"立德"为首。后来，孔子提出"三军可夺帅也，匹夫不可夺志也"，再后来又有孟子提出"天将降大任于是人也，必先苦其心志，劳其筋骨，饿其体肤，空乏其身，行拂乱其所为，所以动心忍性，曾益其所不能"的修身养性理念。受这类"重德"思想的影响，我国现如今的学校教育也是以立德树人为根本。"重和"也是中华优秀传统文化的重要特征，正所谓将相和，国富强；家人和，业必兴。这种"重和"的思想让中华文化能够以开放的态度接纳外来文化，是实现我国多民族和谐共存的一个原因。

中华优秀传统文化有其独特的气质。《周易》曰："天行健，君子以自强不息；地势坤，君子以厚德载物。"古人常自比于天地，其意在像天道一般恒常，始终保持积极进取的心态，又要像大地一样厚重宽广，兼容并蓄。中华优秀传统文化有两点特质：一是自强不息，儒家认为"士不可以不弘毅，任重而道远"。人生于世就要有宏大的抱负和坚定的意志，唯有如此方能成就一番事业。正是凭借这一腔豪情，中华民族才能保持坚韧不拔，不断前行，在克服重重困难后延续至今。二是兼蓄共融，古人总是以宽广的心胸接纳外来文化，进而丰富和发展自身。汉代佛教文化开始传入中国，各种佛教经典被不断翻译并引入中国。待到隋唐时期，已发展出具有中国特色的寺庙、佛像等。此外，中华优秀传统文化还有"天人合一"这项特质。《周易》曰："夫大人者，与天地合其德，与日月合其明，与四时合其序，与鬼神合其吉凶。"其大意为所谓人君子应像自然一样厚德，要功在天下、造福天下，要像日月一样照亮世间万物，要遵循四季时令次序行事，要同鬼神一般根据迹象预测凶吉。由这句话可以引申出，人类行为应符合自然规律，人不能脱离自然，应顺应自然的法则行事，此即"易理"。这一理念为解决当代的生态环境问题提供了重要启示，由此可见，早在几千年前中华优秀传统文化中已有人与自然和谐共生的价值观的雏形，对于促进可持续发展具有重要意义。

三、中华优秀传统文化的时代价值与文化自信

（一）提高国家治理能力

全面深化改革的总体方向，旨在促进国家治理体系和治理能力的现代化。为了达成此目标，我们需要深入探索并理解我国的历史脉络与传统文化，并积极总结古代治国理政的宝贵经验与智慧。例如，中华传统文化中，廉政思想占据重要地位，它倡导为政者应以廉洁自律为基，以慈爱民众为本，这一思想对于我国当前反腐败斗争具有重要价值。孔子所云"其身正，不令而行"，正是强调了领导者以身作则的重要性。而孟子则进一步指出，"君仁，莫不仁；君义，莫不义；君正，莫不正"，这深刻揭示了持政者仁、义、正的品德对于国家长治久安的重要作用。此外，汉代贾谊也强调了持政者与官吏道德示范的深远影响，他认为"故民之治乱在于吏，国之安危在于政。故是以明君之于政也慎之；于吏也选之；然后国兴也。故君能为善，则吏必能为善矣；吏能为善，则民必能为善矣。"这些经典名句为当代中国的发展建设提供了宝贵启示：国家需要一支具备坚定的政治信念、务实的工作作风、优秀的领导能力、清正廉洁且能做到舍己奉公的干部队伍来为人民服务，党员干部要以身作则，引领全社会形成良好的风气。此外，"和"文化倡导的和谐共处、包容互鉴的原则，为国家治理提供了宝贵的思路。在处理复杂的社会问题时，需要充分发

扬"和"的精神，促进各方之间的沟通与合作，寻求共识，化解矛盾，从而实现社会的和谐稳定。

（二）维护世界和平

当今世界的主题是和平与发展。为了维系和平，各国需要共同努力。中国作为一个历史悠久的文明古国，自古以来就崇尚和平。这一点在中国传统的儒家思想中深有体现。孔子曾教导人们："克己复礼为仁。一日克己复礼，天下归仁焉。"这里的"仁"，不仅是个人间相处的原则，也是国家间交往的基本准则。孟子进一步阐述了这一理念，提出实行"王道"以及大国对待小国和小国对待大国的原则——"以大事小"和"以小事大"。他强调"惟仁者为能以大事小，是故汤事葛，文王事昆夷。惟智者为能以小事大，故太王事獯鬻，勾践事吴"。孟子特别指出，维持国与国之间的友好关系，大国负有更重要的责任。我国自始至终主张中国要有大国立场、大国风范和大国担当，呼吁世界各国通过对话和谈判的方式寻找解决问题的途径，而非直接诉诸武力。

（三）解决当今世界全球性问题

中华优秀传统文化中天人合一的理念为帮助人们处理人与自然的关系提供了宝贵启示。中华优秀传统文化为全球性问题解决方案提供了重要启示。结合近年来我国在传承与发展中华优秀传统文化的过程中取得的诸多辉煌成就，我们可以清楚地认识到，纵使已经过数千年的岁月流转，中华优秀传统文化仍具备极高的应用价值。而且，这一价值在全球范围内都是独一无二的，为我们树立文化自信提供了坚实的基础。

第二节　坚定文化自信的基本维度

一、深植底蕴：弘扬中华优秀传统文化

（一）推动优秀传统文化"活起来"

习近平总书记曾指出，应当系统梳理传统文化资源，让收藏在禁宫里的文物、陈列在广阔大地上的遗产、书写在古籍里的文字都能焕发新生。为此，首要任务是继续深入挖掘并整理好中华优秀传统文化资源。应以遵守优良道德传统为原则，全面推动传统思想文化的相关研究。同时，梳理和总结古代人民在科技发展上取得的成就，要积极追回流失海外的珍贵古籍和古代字画，并做好与之配套的整理出版工作。为加强非物质文化遗产的"活化"传承，要增加对地方优秀传统文化传承研究基地建设的投入，并将其融入当地的学校课程安排中，从娃娃抓起，加强当地民众对保护传统文化的认识和责任心。要通过全民参与，在国际交流场合中广泛宣传这些成就，展示古代中国人为推动世界进步曾做出的重大贡献。

其次，做好国家制度建设。要适应社会发展需求，针对现代化进程中存在的可能危及我国优秀传统文化发展传承的风险点做好防范，要不断完善《中华人民共和国非物质文化遗产法》等相关法律法规，确保其不落后于时代，并定期开展执法检查以监督落实情况。

（二）推动优秀传统文化"融进去"

所谓"融进去"，是指要让中华优秀传统文化深入每一个中华儿女的心中，

使之成为我们生存和发展中不可或缺的一部分。为了实现这一目标，一是要融进学校。学校教育在个人成长过程中扮演至关重要的角色，因此，将中华优秀传统文化融入学校教育是确保这些宝贵传统文化得以传承的必要途径。这意味着：在小学、中学乃至大学的教材内容体系中，应当包含一定比例的中华优秀传统文化内容，包括但不限于经典文学作品、重要科技成果以及科技发明的故事，以此引导广大的青少年学生去学习、了解并深刻理解这些文化遗产；学校应当组织多种形式的传统文化学习竞赛，同时提高传统文化学习在学业评价中的比重；在校园内的宣传栏、网站及标志性建筑等场所展示优秀的传统文化元素，以此来培养学生的审美情趣和激发他们的进取精神；教师和研究人员应加强对中华优秀传统文化的研究，并举办相关的教学比赛等活动，进一步促进传统文化的研究与传播。二是要融入家庭。家庭教育作为国家发展、民族进步和社会和谐的重要基石，其作用不可小觑。为了将中华优秀传统文化融入家庭生活，构建坚实的基础，我们需要从两个方面着手：一是，在亲子教育模式的创新方面，我们应该鼓励父母将优秀传统文化教育放在首要位置。政府和图书教育机构可以通过提供免税、贴息等优惠政策，支持以弘扬优秀传统文化为主题的儿童读物的出版和购买，从而推动"送经典到家里"的公共文化服务活动。通过这种方式，可以激发家长和学生一起学习经典、实践经典，实现"知行合一"的目标。二是，应从家风建设入手，要充分发挥街道办、居委会等社会基层组织的带头作用，通过开展"道德模范家庭""中国好邻居""家风家训征集"等活动拉动基层传承发展中华优秀传统道德文化的气氛。三是，要把优秀传统文化融入机关和企事业单位的文化建设中。良好的文化氛围能够激发人们的事业心、责任意识。因此，应由政府出面引导企事业员工积极吸取优秀传统文化中的价值观念，并对其进行创造性转化，形成独具特色的核心价值观。

（三）推动优秀传统文化"走出去"

"走出去"就是要让中华优秀传统文化资源面向世界，于各种国际交流场合中广泛地对外传播，让外国人认同中华传统文化背后所蕴含的价值观念，使外国人加入传承与发展中华优秀传统文化的队伍。为达到这一目的，首先，要弄清什么是"走出去"。文化的核心在于其承载的价值观，而文化"走出去"即是价值观的传播。如果在中华优秀传统文化"走出去"的过程中无法使外国民众产生对我国文化的认同，那么"走出去"就是徒有形式，徒劳无功，所谓的"走出去"便只是让他国人民浅浅地看几眼我国的文化，转瞬即忘。中华优秀传统文化"走出去"不能仅看对外传播的次数和传播范围，而是要让外国民众真正理解并欣赏重视中华优秀传统文化。因此，在推进优秀传统文化资源"走出去"的过程中，我们应该更加注重价值观的传播，要选择那些能够充分展现社会主义核心价值观先进性、科学性、人民性的优秀传统文化资源进行推广。同时，我们应秉持一种相互尊重的态度来进行文化传播，而不是搞文化侵略。其次，要为中华优秀传统文化能够顺利地"走出去"而不断创新传播方式和拓宽传播渠道。实践证明，仅仅依靠吸引外国人来中国旅游，或是对外出口能够代表我国传统文化的产品所取得的对外文化传播效率比较低，远不能满足我国文化"走出去"的战略发展目标。要想在当前复杂的国际政治环境下实现文化"走出去"，还应另辟蹊径。比如，借助国外媒体，发展个人博主或直接向国外媒体投寄稿件，与海外传媒机构建立合作关系，共同策划和制作高质量的文化节目和内容，提升中华文化的国际影响力；调动跨国企业的力量，共同拓展民间渠道，设立专项基金，支持企业和个人在海外推广中华优秀传统文化。我国要坚决抵制文化"送出去"的错误倾向，要树立文化自信，在传播过程中既要重视国内主体的作用，也要注重培养海外受众作为传播主体的地位，充分使用国外的力量来传播我国文化。再次，要继续完善"走出去"的扶持政策。面对复杂的国际环境，我国需要加大政策支持力度，如在社会资金准入方面，放宽限制，吸引更多社会资本参与文化产品的研发和推广；在财政支持方面，提供更多的资金补助和奖励，支持文化企业的研创发展；在税收减免方面，制定优惠政策，减轻文化企业负担，鼓励其扩大对外贸易。最后，要优化政策环境和配套政策，应简化行政审批流程，提高政策实施的透明度和效率；建立健全文化产品出口的信用保障机制，降低企业出口风险；制定和完善文化产业监管的分类标准和文化资产评估办法，为文化产品的评估和出口监管提供依据。

二、筑牢支柱：传承中国革命文化

弘扬革命文化是保持党的初心使命和顺应历史发展的必然要素。通过革命文化的熏陶，中国人民不仅坚定了共产主义的理想信念，还锻造了一种荣辱与共、勇往直前的民族精神。这种精神激励一代又一代中国人，在困难面前永不退缩，始终保持对美好未来的向往和追求。中国革命文化的形成是马克思主义理论与中国具体实践相结合的产物。红船精神、井冈山精神、长征精神、延安精神、西柏坡精神激励中国人民勇往直前，为当代中国人民实现中华民族伟大复兴的中国梦提供了强大的精神动力。坚定文化自信，传承中国革命文化是我们义不容辞的责任。在新时代背景下，我们一定要传承和发展革命精神，从而把握现在，展望未来。

要让革命文化像一门学科那样拥有坚实的理论基础和清晰的学习逻辑。时至今日，相比于中华优秀传统文化的学术化研究，我国革命文化的研究尚不成熟，其中有三个方面尤为明显：一是国内专家学者对中国革命文化资源的系统性整理和深度研究尚显不足，整体研究显得零散、杂乱无序；二是中国革命文化的整体性理论框架还不完善，像中国革命文化的概念范畴和内容框架还有待进一步细化；三是中国革命文化缺少对外传播，跨国界的学术交流相对较少。

面对中国革命文化发展中的这些症结，我们需要从以下三个方向努力。第一，构建多元协同参与的研究发展格局。要推动形成由高校、科研机构、企业等多方力量共同参与的学术研究新格局，建立能够聚拢学者的革命文化传承与创新理论研究平台，全民齐心共同探索革命文化的深层内涵和现代价值。第二，深化革命文化资源的挖掘与梳理。当前，部分学者在研究革命文化时表现出明显的只关注某些时期和事件却无视其他革命历史片段的现象，比如只关注抗日时期、只研究革命领导人物、只关注战争事件或历史重大转折事件等。这就使得部分革命文化资源未能得到充分挖掘，甚至部分现存的革命历史记录没有明晰的前因后果。为了改善这一状况，国家应制订革命档案保护和抢救计划，号召地方政府和各地民众共同参与资源的挖掘和整理工作，确保革命文化遗产得到全面保护。第三，推进中国革命文化研究的国际化。我国革命时期曾得到很多国际友人的帮助，而在他们归国后便将很多优质的革命文化资源带往他国。因此，我国需要与国外相关研究机构建立合作伙伴关系，双方或多方合作推进革命文化的学术化进程。

第三节　文化自信视域下中华优秀传统文化传承路径

一、厘清源头

文化是一个不断发展演变的过程，每种民族文化都有其独特的历史轨迹，涵盖了过去、现在与未来。正如梁启超先生所言："文化乃是人类心智所释放出来的有价值的产物。"在理解中华优秀传统文化作为文化自信的根基时，我们应该从广义的"大文化"视角出发。中华传统文化特指第一次鸦片战争之前的文化遗产。这些文化遗产不仅是历史的见证，更是活生生的文化传承，它们不仅是博物馆中的展品，更是在现代社会中具有生命力的存在。正如黑格尔所述，传统不是守旧的守护者，将接受的一切原封不动地保存下来，然后一成不变地传递给下一代；它也不是一个自然过程，在无尽的变化与活动中永远遵循最初的规律而没有进步。相反，传统是一种社会的生存与创新机制，正是通过这一机制，历史得以延续，社会的精神财富和物质成就得以保存和发展。

中华传统文化以其悠久的历史和深厚的底蕴，不仅为后人留下了丰富的文化遗产，但在世代相传过程中难免会良莠不齐，导致精华与糟粕并存。中华优秀传统文化这一概念的提出，指明我们要锁定那些真正值得传承的核心价值。我们要更加专注寻找和保留那些优秀的文化。我们认识到中华优秀传统文化正是当代国家、社会和个人应当坚定守护的文化自信之源泉。

二、认识内涵，划定圆周

文化表现形式可以分隐性和显性两种。作为中国传统文化中精粹部分的中华优秀传统文化自然也分为隐性和显性两种表现形式。因此，为给中华优秀传统文化划定一个清晰的范畴，可以从整体上对其隐性和显性进行研究。这样一来，我们便能在明确的范畴内，不断地为我们的文化自信注入新的活力和源泉。

显性文化是人类智慧的现实具象，主要包括人们在社会实践中创造出来的各种具体物品，即人们可以直观感知到的、具备实际物质形态的带有文化意蕴的人类造物。它们是人类传播和传承文化的物质媒介，能够用于满足人们日常生活中的各种需求，如用于衣、食、住、行的必需品，用于生产劳动的工具和用于休闲娱乐的器件、设施等。这些物品是人类结合生存经验，利用自然界的资源并对其进行加工改造而创造出来的。显性文化还包括人类在生产劳动中形成的各类社会规则和社会组织机构，即人们常说的制度文化。当人类个体不足以支撑整个物质生产过程而需要依赖集体协作和社会分工时，就形成了一种社会关系。众多社会关系交织在一起便形成了整个社会，为了维持社会秩序，人们创造了制度文化。有人说，动物也会像人一样分工劳作，比如蜜蜂就会集体采蜜、集体建造蜂巢、集体护卫蜂后，所以蜜蜂也能形成制度文化。这种观点显然是不成立的。动物和人类的生产具有本质上的不同，动物生产是为了自身或族群需要，而人类生产则朝向整个自然界。人类进行生产活动的目的不仅限于满足基本生存需求，还包括为推动人类文明发展而做的各种创造性发明。人们通过生产活动来重塑自然界，创造更适合人类生存的自然环境，即"人化自然"。在这个过程中，人类认识世界并改造世界，并以和人类间的各种利益关系为基础创造了各种社会规范，进而将这些规范发展成为社会制度，进一步组织成为社会组织，并最终上升为政治制度。

隐性文化深刻体现了人类本质力量的内在积淀，它根植于心理潜意识深处，并通过符号系统得以展现。心理文化层作为隐性文化的核心，涵盖了人类在长期社会实践与意识活动中逐渐形成的思维方式、价值观念、审美情趣，以及源自心理动机的多样化行为模式。这些内在要素共同构成了个体与群体心理世界的丰富图景，是理解人类行为与文化传承的密钥。

三、破除投鞭断流式全盘否定，培育文化自信

"全盘西化论"与"彻底重建论"两种极端观点，从根本上质疑了中华优秀传统文化的合理性与价值。历经数千年沧桑变迁，我国文化的"生命之泉"依旧潺潺流淌，最终汇入现代化的广阔海洋。然而，在现代化浪潮的推动下，部分学者提出了"冲击—反应"理论框架，他们将以儒学为核心的中国传统文化视为一个内在动力不足的静态系统，认为其长期陷于僵化，唯有在西方文化

的猛烈撞击下，才被动地寻求变革，迈向近代化之路。这种观点虽在一定程度上承认了西方近代文明对中国现代化进程的促进作用，但其偏颇之处在于，仅聚焦于传统文化在转型期的阻碍角色，而忽视了其韧性、适应性及对现代社会的潜在贡献，进而滋生了全盘否定传统文化的极端倾向。"全盘西化论"的谬误在于其盲目崇拜西方，这种自我贬低的心态严重削弱了民族自豪感和文化自信心，是一种文化上的自我放逐。而"彻底重建论"则更激进，主张对中国传统文化进行全面颠覆与解构，视其为彻底清除的障碍，强调新文化的建设必须建立在彻底反传统的基础上，甚至鼓吹"断裂传统"作为继承传统的先决条件，将反传统视为一面不可动摇的旗帜。

"全盘西化论"与"彻底重建论"均体现了对本土文化的无知、不接纳及缺乏信心的态度。正如古语所云："知人者智，自知者明。"一个社会组织、一个民族乃至一个国家唯有深刻理解自身的优良传统，才能坚定文化自信。中华优秀传统文化是建设中国式现代的基础，如以天下为己任的宏大情怀、穷变通久的改革理念、民贵君轻的民本思想、厚德载物的处世常规、自强不息的进取精神等。因此，认识并传承中华优秀传统文化，是实现文化自信的出发点，也是实现中华民族伟大复兴不可或缺的力量源泉。

四、打破泥沙俱下式全盘接受，恢复文化传统的自信信念

部分文化保守主义者对中国传统文化采取了一种无差别的接纳态度，过分夸大其中优秀元素的价值，却忽略了文化本身的复杂性和多样性，仅聚焦于其精神层面的丰富性，而忽视了其中可能存在的不符合时代价值的内容。

明确区分"传统"与"文化传统"，避免陷入全盘接受的误区至关重要。从传统的本质出发，"传统"的核心在于"传"，它应当是一个动态演进、充满活力的过程，因此承载着被"传下去"的正当性和必要性。合理的文化，是时

代筛选与文化内部机制自我调节的产物。在历史的浩瀚长河中，中华优秀传统文化正是这些"合理性"累积而成的璀璨明珠。从文化传统的视角审视，文化传统是在特定文化价值体系影响下，历经漫长岁月沉淀，逐渐形成的、为广泛民族成员所共有的、根深蒂固的心理倾向与行为习惯。当文化传统这一描述性概念与民族文化的"精髓"或"灵魂"相融合时，便自然衍生出价值评判的维度，即文化传统存在优劣之别。因此，唯有卓越的传统文化元素，方能引领文化传承走上现代化之路，成构筑文化自信最坚实的文化根基。

第四节　文化自信视域下中华优秀传统文化的创造性转化路径

一、中华优秀传统文化创造性转化的基本内涵

中华文明的源远流长，底蕴深厚，历经岁月沉淀，孕育了众多宝贵的文化资源。本文所述的"转化"，特指对"优秀"内容的创造性重塑。谈及创造性转化，须明确其与一般性转化的区别：一般性转化侧重事物普遍规律的运用，遵循既定框架；而创造性转化则聚焦于事物的独特性与个性发展，不拘泥于固定模式，强调创新与目的性，是一种灵活多变的转化方式。

当前，发展社会主义先进文化要将中国特色社会主义实践同中华优秀传统文化相结合，推动中华优秀传统文化实现质的飞跃。这一创造性转化工程尤为独特，恰逢新时代，已具备转化的良好条件。通过此关键环节，传统文化得以深度传承与发展，不仅加速社会主义文化建设进程，提升国家文化软实力，更为民族复兴与国家文化稳定繁荣贡献力量。具体而言，创造性转化即在马克思主义指导下，将中华优秀传统文化中的精髓（如社会主义核心价值观、社会公

德等）融入新时代价值体系，以创新方式呈现，实现传统文化现代化，与中国特色社会主义文化深度融合，共促发展。

二、实现中华优秀传统文化创造性转化的必要性

从以下两方面深入探讨实现中华优秀传统文化创造性转化的必要性。

（一）传统文化自身的发展规律

首先，社会全体成员具备共同的文化价值观追求是国家长治久安的基本保障。中华传统文化在当代社会中具有不可估量的现代价值。中国传统文化至今仍影响现代我国各族人民的价值导向，能够增强各民族间的凝聚力和向心力。随着这种凝聚力和向心力的不断增强，国人的爱国情怀日益浓厚，对中国传统文化的认同感不断提升。传统文化逐渐融入民众的日常生活中，成为一种全体民众共有的认识，并对个人的思想和行为起到规范作用，使得人们的思维方式和行为模式呈现出趋同性、和谐性和一致性。中华传统文化影响我国人民的心理、情感与行为，增强人们的民族自尊心和自信心，维护我国的团结统一。

其次，传统文化能够帮助人们保持清醒的认识和坚定的方向。弘扬传统文化中的积极元素，如诚信、仁爱、廉洁等美德，可以弘扬正能量，提升公众的道德水平。此外，传统文化还能够激发人们的集体意识和责任感，增强社会的凝聚力，为重建健康的社会价值观和道德观奠定坚实的基础。文化并非自然生成，而是人类实践活动的产物，它渗透于人类生活的方方面面，构成了规范人们行为的体系。文化不仅反映时代的风貌，更通过其教化功能规范人的行为。人的成长，实质上是社会化的过程，这一过程中，个体通过学习知识、理解并内化社会规范，最终实现自我与社会的融合。这一融合，就是个人接受并内化文化信息，成为社会成员的过程。随着时代的变迁，生产力的进步与文化背景的演变，每一代人都在继承与创新中前行，吸收时代的文化精髓进行实践，进

而创造出新的文化形态，这一过程周而复始，推动人类社会的发展。

最后，新时代背景下提升我国文化的国际地位至关重要。通过传播传统文化吸引国际友人是提升我国国际影响力的重要途径。我们需要不断创新对外传播的方式和方法。这包括利用现代科技手段，如社交媒体、数字媒体等来讲述中国故事，让世界各地的人们能够更加便捷地接触中国传统文化。同时，通过举办国际文化交流活动、开展跨国文化合作项目等方式，可以加深各国人民对中国文化的认识，促进各国人民的交流。我国要紧跟时代步伐，对优秀传统文化的传播方式进行创新，使之能更广泛的传播并拥有更深远的影响力。

在全球化浪潮的推动下，国家间的竞争已不仅限于单纯的经济范畴，文化软实力更是我国国际竞争力的重要组成。文化不仅是促进生产力跃升的重要因素，其本身就是一种强大的生产力，既能在经济层面创造财富，也能在社会层面产生正面效应。中华优秀传统文化是我国发展文化软实力的优势。鉴于当前国际文化交流环境的现状与趋势，要弘扬优秀传统文化，推进中国特色社会主义文化的发展，就必须实现传统文化的创造性转化。当前，正值文化繁荣发展的重要阶段，在此背景下，深入探讨传统文化的传承与创新路径，致力于实现中华优秀传统文化的创造性转化，是社会发展对文化创新的迫切需求。我们有信心把握这一历史机遇，积极投身于传统文化的创造性转化实践中，以期在新时代使传统文化绽放新的光彩。

面对中国传统文化，我们应当秉持"一分为二"的审慎态度。习近平总书记曾强调，对待历史文化需有鉴别地加以对待，有扬弃地予以继承。这里的"鉴别"，并非简单的全盘接受或彻底否定，而是旨在剔除糟粕，保留并弘扬其精华部分。它要求我们在审视传统文化时，既不盲目崇拜、全盘照搬，也不一概否定、彻底抛弃，而是取其精华去其糟粕，合理吸收其优秀内核。要"一分为二"地看待中国传统文化，我们必须融合古代哲学的朴素辩证法智慧、传统价值观的精髓以及唯物论的思想精髓。同时，还需借助现代科学的分析工具和方法，对传统文化进行深入地剖析与升华，从而激发其新的生命力，使其为中国特色社会主义文化强国建设服务。

（二）创造性转化

创造性转化的核心在于使中国传统文化与当代文化相适应与现代社会相协调。

其核心要求包括：首先，以"现实"为基准，依据当前时代环境、社会标准进行转化；其次，以服务现实为目标，确保与当代社会接轨，满足人民需求，实现文化在现实中的有效应用；最后，强调创造性，激发新的创造力，创造新的内容与形式。简言之，创造性转化的关键在于立足中华传统文化，以转化为导向，以创造性为动力，以服务为宗旨。过程中需警惕两大误区：一是历史虚无主义，忽视传统文化连接历史与现实的桥梁作用；二是教条主义，孤立地看待传统文化，不加分析地照搬照抄。两者均会削弱传统文化的时代价值，使其失去存在的意义。

当前，我们应顺应时代精神，对传统文化进行创造性转化和创新性发展，使其保持时代活力。努力挖掘并弘扬传统文化中的时代价值，以充分发挥其在当代社会的作用。这样，传统文化便能在不断创新中焕发新生，持续注入新的活力。因此，将传统文化融入当代中国建设与发展中，通过创造性转化，我们能够展现更加灿烂多彩的中华文明。

三、内容的创造性转化

随着时代的进步与全球化的加深，为持续发挥文化优势，增强文化自信，我们应结合中国实际，推动优秀传统文化的时代化、现代化传承与发展。

随着我国社会主义建设实践经验的积累，为了进一步推动马克思主义中国化，需要不断加强其相关理论的研究和在具体实践中的应用。因此，要发展马克思主义，就要在继续发挥文化优势的同时，将中华优秀传统文化与中国当前的具体国情相结合，使之更好地融入现代社会，充分满足人民群众的精神文化需求。

中华优秀传统文化为马克思主义发展提供养分，为社会主义核心价值观的培育提供了丰富的精神资源。在新时代背景下，实现传统文化内容的创造性转化是落实优秀传统文化继承和发扬的基础，这意味着我们在继承传统文化的同时，也要注重与时俱进，推动传统文化的创新发展。

实现传统文化的创新型转化，必须坚持去粗取精原则，分感知、认同、实践三个步骤逐步推进。于实践中摸索中华优秀传统文化与现代社会建设的共同部分，使两者更加紧密地融合在一起，从而培育出高度文化自信的人民群众。

社会主义核心价值观根植于中国悠久的优秀传统文化，与传统文化相辅相成、紧密相连。社会主义核心价值观所吸纳的优秀传统文化精髓，广泛涵盖了个人品德修养、国家治理理念以及社会和谐发展三大层面。社会主义核心价值观是当代中国社会主义发展道路上的导向标，其内容与我国古代儒、法、道、墨等学派的一些学说相呼应。

尽管过去与现在的文化，显示出一定的历史延续性，但并非所有传统文化都对当代有积极作用。时代变迁导致表达方式、词汇及语境的巨大差异，中华优秀传统文化的传承应与社会主义核心价值观相契合，但这并不意味着仅凭核心价值观的几个词汇就能全面概括传统文化的内涵。

需要注意的是，这里将社会主义核心价值观同中华优秀传统文化结合发展并不是说要简单地、机械地在中华优秀传统文化中寻找完全契合社会主义核心价值观中各点的文化思想，而是在批判性继承的基础上做好创造性转化的工作，一方面充实社会主义核心价值观的理论体系，另一方面又推动传统文化在现代社会的继承发展。

在传承与发展传统文化的过程中，要不断探索与创新传承的路径和方法。我们可以积极运用科技手段及多样化的载体作为辅助工具，但需明确，这些工具与载体都是服务于传统文化内容的，旨在使中华民族的文化基因能够与当代社会和谐共生。

（一）转变文化的传承方式

推动优秀传统文化传承方式创新发展可以分为两个方向。一方面，要推动学校教育改革，推动传统文化在青少年群体中的传承工作。比如，可以将传统文化融入当代青少年喜欢的视频、游戏中，使传统文化以更加生动有趣的形式传承给青年一代，增强传统文化对青少年的吸引力。另一方面，要加强国际文化交流与合作，积极对外推广和传播中国的优秀文化研究成果，为中华优秀传统文化发展开辟更广阔的天地，使其在全球文化交流中发挥更大的影响力。

（二）完善文化的发展环境

随着全球化的深入，世界各地文化的交流日益频繁，文化发展的同质化倾向逐渐显现。在全球化背景下，推动中华优秀传统文化与世界文化交融的同时，如何确保其独特性，成为我们必须思考的问题。因此，加强文化多样性保护，积极防范同质化风险，使中华优秀传统文化在当代社会获得广泛认同，显得尤为重要。传统文化唯有在适宜的土壤与环境中，方能茁壮成长，焕发新的生机。要发展中华优秀传统文化，须找出现代社会环境中阻碍中华优秀传统文化的各种因素，找准中华优秀传统文化在现代文化发展中的定位，才能保障其健康稳定发展。

（三）优化文化的传播途径

传承与弘扬中华优秀传统文化是一项庞大而精细的任务，它要求多方协同努力，构建起一个上下贯通、左右联动的体系。这一体系的核心在于将中华优秀传统文化深度融入国民教育的每一个阶段、每一个方面，确保文化传承与教育实践紧密相连，融为一体。通过教育的强大影响力和深远作用，有方向、有计划、有步骤地推动优秀传统文化向符合社会发展需求的社会主义文化方向迈进，充分展现其现代价值与时代意义。

必须深刻认识到，文化传播的深化亟须高度重视国际教育和对外交流，构建有效的对外教育交流机制，以促进中华优秀传统文化实现更为顺畅的双向交流。在此过程中，通过富有意义的"渗透"与"引导"方式，而非机械灌输，让青少年群体从内心深处接受并内化中华优秀传统文化的精髓，进而提升他们的思想道德素质和水平。同时，加强海外文化交流活动，特别是"孔子学院"，通过多元化的视角和全面的内容展示，让世界各国人民更加深入地了解和欣赏中华优秀传统文化的独特魅力与价值，从而增强对传统文化的认同感。在教育方法上，我们应注重教育手段的创新与选择，运用先进的教育理念和技术手段，使文化传承方式更加生动有效。

第三章　中华优秀传统文化的创新性发展及现代化发展

第一节　中华优秀传统文化创新性发展的科学内涵和价值

一、中华优秀传统文化创新性发展的科学内涵

探索中华优秀传统文化如何实现创新性发展，是深入研究该领域不可或缺且核心的基础议题。那么，中华优秀传统文化究竟如何创新性发展呢？依据时代的新变革与新趋势，对中华优秀传统文化的精髓进行丰富、拓宽与深化，进而提升其社会影响力和感召力。创新性发展的核心在于"发展"与"创新"的双重驱动。所谓发展，指的是事物不断向前、向上的进步过程，它蕴含了辩证的否定哲学原理，体现为旧事物的消逝与新事物的诞生。创新是推动发展的核心引擎，是人类凭借独特思维与方式，对既有事物进行改造与创造的能动行为。中华优秀传统文化的创新性发展，不仅是坚定文化自信、促进社会主义文化繁荣昌盛的内在需求，更是传统文化保持长久活力与生命力的关键所在。实现这一目标，需建立在批判性继承的基础上，既要对传统文化进行必要的补充与完善，又要融入新时代的元素与内涵，为其注入新的生命力，并持续扩大其在社会各个层面的影响力。

讨论中华优秀传统文化创新性发展的目标实质上是在讨论我们期望通过这

一过程实现何种愿景。2017 年 1 月 25 日我国发布的《关于实施中华优秀传统文化传承发展工程的意见》清晰阐述了这一目标路径，为我们指明了传统文化创新发展的明确方向。在历史长河中，中国传统文化时常面临质疑与挑战，有声音质疑其存在的必要性，甚至全盘否定其价值。因此，深入研究中华优秀传统文化的创新性发展，对于引导公众正确认识并珍视传统文化价值至关重要，有助于消除误解，确保中华优秀传统文化在当代社会焕发新的生机，实现其时代价值。进一步而言，这样的研究与实践不仅有助于推动我国文化事业的繁荣发展，还能够显著提升全民族的文化自信心，让中华优秀传统文化不仅在国内社会发挥积极作用，更在全球舞台上展现其独特的魅力与影响力。这一过程，自然而然地成为驱动中华优秀传统文化不断创新发展的强大动力。

探讨中华优秀传统文化创新性发展的任务，是我们研究进程中不可或缺的一环。基于此，中华优秀传统文化在追求创新性发展的道路上，其主要任务：一是深入挖掘并阐明中华优秀传统文化的独特贡献、悠久历史地位及其在现代社会的深远意义；二是积极传承与弘扬那些卓越的传统文化元素，激发全社会的文化创造力与活力，进而推动文化强国的建设。最终，这些努力将为中华民族的伟大复兴注入不竭的动力与精神力量，同时也为全球治理格局的重塑以及人类命运共同体的构建提供源自中国的独特见解与智慧方案。

二、中华优秀传统文化创新性发展与创造性转化的关系

显然，中华优秀传统文化的创新性发展和创造性转化并不相同。创造性转化是指按照现代社会发展需求，将中华优秀传统文化的核心理论与表现形式进行改造，也就是使中华优秀传统文化适应现代社会的需求。关于两者的关系，国内学者因彼此间见解不同分为两个阵营：一方认为，创造性转化是创新性发展的基础和前提，只有通过创造性转化，中华优秀传统文化才能更好地融入现

代社会，从而为创新性发展提供丰富的资源和灵感。他们把创新性发展视为创造性转化的高级阶段，即在创造性转化的基础上进一步推动中华优秀传统文化的发展，使其更具时代特色和社会价值。另一方认为，创造性转化是实现创新性发展的必要条件和具体表现形式，它通过赋予中华优秀传统文化新的生命力，为创新性发展提供了可能。而创新性发展则被看作是创造性转化的目的所在，是创造性转化在现代社会中的价值体现、自然结果及其逻辑延伸。在我们的视角中，创新性发展与创造性转化虽各有侧重，但绝非孤立存在。创新性发展的核心在于"发展"，强调文化的持续进步与丰富；而创造性转化的精髓在于"转化"，注重中华优秀传统文化与现代社会的有效对接。尽管二者侧重点不同，但转化实为发展的一种具体展现形式，而发展则是转化基础上的深化与拓展，两者相辅相成，共同促进。创造性转化是中华优秀传统文化适应新时代、焕发新活力的必经之路，而创新性发展则是其内涵不断丰富、体系日臻完善的必然结果。因此，可以说创造性转化为创新性发展奠定了坚实的基础，而创新性发展则是创造性转化价值的延伸与升华。

三、中华优秀传统文化创新性发展的价值

（一）实现中华民族伟大复兴的条件

实现中华民族的伟大复兴，是中华儿女共同的憧憬与奋斗目标。在此征途中，中华优秀传统文化的创新性发展扮演至关重要的角色，它是成就这一梦想不可或缺的条件。相较于经济和政治的显性作用，文化对民族的影响更为深远绵长，它如同血脉，流淌在每一个成员的心中。回顾历史长河，每一个成功崛起的大国，无不拥有坚实的经济基础与璀璨的文化。一个民族若失去了文化的滋养与引领，其生命力将逐渐枯竭，走向衰落。因此，中华民族的伟大复兴，必然伴随中华优秀传统文化的复兴。这一复兴，首要原因在于中华优秀传统文

化作为民族之根，深深植根于人民心中，是维系国家统一、促进民族团结的坚固基石，更是激励中华民族不断前行的精神源泉。其次，中华优秀传统文化的复兴并非简单的复古，而是在新时代的浪潮中，基于新的社会实践，对传统文化进行批判性继承与创新性发展。唯有如此，传统文化方能焕发新生，被赋予符合时代要求的新内涵与新活力，从而为中华民族的伟大复兴注入不竭的精神动力。

（二）与实现中国特色社会主义文化自信相辅相成

文化自信，实质上是对国家及民族文化的一种深刻认同、积极拥护并始终对其保持崇高敬意。推动中华优秀传统文化的创新性发展，正是构筑并巩固中国特色社会主义文化自信不可或缺的基石。中国特色社会主义文化，其根源深植于中华民族悠久的历史长河，汲取了五千年文明的精华；它融合了党领导人民在革命斗争、国家建设和社会改革历程中铸就的革命文化与社会主义先进文化；它根植于中国特色社会主义实践的沃土之中。中国特色社会主义的文化自信，不仅建立在对社会主义先进文化与革命文化的基础之上，更离不开对中华优秀传统文化的继承与发展。因此，要真正树立并强化中国特色社会主义的文化自信，就必须同时建立对社会主义先进文化、革命文化以及中华优秀传统文化的信心。其中，对中华优秀传统文化的自信，尤为关键的一环在于不断推动其创新发展，让传统文化在新时代背景下焕发新的生机与活力，赋予其符合时代要求的新内涵。只有这样，我们才能为实现中国特色社会主义的文化自信提供坚实的支撑，为社会主义文化的繁荣兴盛注入不竭动力，进而增强国家的文化软实力。道路自信、理论自信、制度自信其本质是建立在五千年文明传承上的文化自信，在中国特色社会主义文化发展的征途上，文化自信的重要性不言而喻。中华优秀传统文化的创新性发展，为构筑和强化文化自信铺设了坚实的基石，还促进了中华优秀传统文化的国际化传播，使其在全球舞台上绽放光彩，吸引了更多国际友人的目光，在全球化交流的过程中，中华优秀传统文化不仅成功"出海"，还极大地提升了国人文化自信。中华优秀传统文化的创新过程使我们更加深入地理解和探索本国优秀传统文化的内涵与价值，同时结合时代的变迁和需求，赋予其新的生命力和表现形式。

在全球文化多样性蓬勃发展的趋势下，国家文化的地位日益凸显，其繁荣程度直接决定了国家文化软实力的强弱。文化软实力，作为衡量国家在国际社会中影响力与话语权的重要指标，深刻影响国家的国际形象。中国特色社会主义文化的培育不仅关乎"两个一百年"奋斗目标的顺利推进，更是实现中华民族伟大复兴中国梦的重要精神支柱。而这一宏伟目标的实现，离不开中国特色社会主义文化的繁荣发展，其中，我国优秀传统文化的创新与发展扮演不可或缺的角色。中国特色社会主义文化根植于源远流长的中华优秀传统文化，汲取了党领导人民在革命斗争中的英勇精神与智慧结晶——革命文化，同时融合了面向现代化、面向世界、面向未来的社会主义先进文化。中华优秀传统文化的创新为中国特色社会主义文化建设注入新活力，赋予中国特色社会主义文化时代内涵，进一步推动其繁荣发展。

第二节　中华优秀传统文化创新性发展的历史必然性和现实可能性

一、中华优秀传统文化创新性发展的历史必然性

任何事物都无法达到绝对的完美，传统文化也不例外，它的局限性主要体现在其历史背景所带来的制约上。传统文化的发展必定会受到各时代认知水

平、时代条件的影响,某些中华优秀传统文化在产生时曾符合当时时代背景下民众的价值取向,但随着社会的进步和人民价值观的变化,注定有很多文化只适用于它产生时的社会环境。因此,不经创造性转化的传统文化如今已经不适用。例如,如果在现代社会继续鼓吹封建社会和小农经济下形成的三纲五常,就与现代文明社会倡导的男女平等、独立自主等精神相悖。虽然中国传统文化源远流长、内涵丰富,但也必须经过创新性转化发展才能服务于现代社会。我们必须结合当代社会主义核心价值观重新审视其内容并合理继承和抛弃,使之与时代的需求相吻合,才能使其在新的历史条件下发挥积极作用,促进社会和谐发展。

富裕强盛的国家必定有强大的国内社会文化作为发展基础,因此,中华民族的伟大复兴必须发展中国特色社会主义文化。文化是一个国家或民族的标志,是聚拢人心、团结民众的社会重要组成部分。在我国人民上下齐心协力于中国特色社会主义文化建设的当下,中华优秀传统文化的创新性发展自然就是我国新时代社会建设的时代性内在需求。中国特色社会主义文化是对优秀传统文化的保护传承和创造性转化,中国特色社会主义文化建设要求我们要积极探索中华优秀传统文化的新发展路径,使其能够更好地为现代人所用,推动我国社会主义文化的繁荣发展。

尽管社会与时代的发展要求我们不断创新,但在这个过程中,中国特色社会主义文化建设绝不能忽视文化传承这一重要环节。对于任何一个民族而言,文化传承都至关重要。一旦民族文化在某个发展阶段断裂,将会对该民族产生难以预料的负面影响。历史经验和现实情况都表明,任何国家和民族都需要清晰地认识到自身的历史轨迹,并正视自己的发展历程。如果故意篡改或歪曲历史事实,或是贬低本民族的文化价值,那么这样的国家或民族的发展前景将令人担忧。什么是文化传承呢?简言之,文化传承是指将我们民族在数千年的发展历程中所创造的优秀文化遗产传递给后代的过程。在当今社会，文化的地位日益重要，文化的进步与繁荣直接关乎国家和民族的繁荣与强大。随着时代的发展，文化传承的重要性越发凸显，成为推动国家和民族不断向前的重要力量。中华优秀传统文化历经代代相传，承载了几千年的中华文明，是中华民族重要的文化遗产，在多个方面发挥着不可或缺的作用。毫无疑问，如今正是传承中华优秀传统文化的好时机，此举有利于推动中华民族的伟大复兴。在如今的时代背景下，我国应继续深入挖掘中华优秀传统文化的价值，为建成社会主义现代化强国奠定坚实的文化基础。中国传统文化中"和为贵"的思想主张历来受全世界广大民众所推崇，为世界各国顺应"和平与发展"的时代趋势提供了宝贵的中国智慧。此外，传承中华优秀传统文化还是马克思主义中国化的重要保障。中华优秀传统文化中的许多思想与马克思主义相融相通，在道德伦理、哲学思想和社会理想等方面有惊人的相似之处。这再次证明了传承中华优秀传统文化有益于我们在党的领导下走中国特色社会主义道路。

二、中华优秀传统文化创新性发展的现实可能性

（一）指导思想的科学性

科学的指导思想能够引领社会发展，也是保障中华优秀传统文化科学创新发展的重要依据。马克思主义为中华优秀传统文化的创新性发展提供了坚实的理论基础和方法论指导。马克思主义以其强大的生命力和与时俱进的特性，指引中国共产党领导人民在新时代背景下创新发展。这种创新发展并非简单地复制他国经验，而是结合中国实际，使其兼具科学性和时代特征。对待传统文化时，我们既要继承和发扬符合社会发展需要、体现先进性的文化元素，也要坚决摒弃阻碍社会进步的落后和腐朽成分。此外，习近平新时代中国特色社会主义思想为传统文化的创新发展提供了更丰富和深刻的理论依据和实践指南。这

一思想体系不仅深化了我们对传统文化价值的认识，还为我们如何在实践中创新发展传统文化提供了明确的方向和策略。无论是中国特色社会主义文化还是西方文化，都有其独特的价值和存在的合理性，应当被平等看待。"古今"文化之间存在内在的联系，传统文化、革命文化以及社会主义先进文化是一脉相承的，我们应该用联系的观点来看待这些文化形式之间的传承与发展。在马克思主义科学世界观和方法论的指导下，中国传统文化应该遵循"不忘本来、吸收外来、面向未来"的原则，以实现其创造性转化和创新性发展。毋庸置疑的是，习近平新时代中国特色社会主义思想是在新时代背景下产生的科学理论，它为中国的全面发展指明了方向，如同一盏明灯引领着前进的道路。

（二）传统文化当下存在的客观性

首先，优秀传统文化是中华民族的文化软实力，是中国特色社会主义的重要根基；其次，中华优秀传统文化具有时代价值；最后，新时代社会主义核心价值观的培育和弘扬离不开中华优秀传统文化的丰富内涵。中华优秀传统文化的传承发展是社会发展所不可或缺的，这一点可由我国几千年来的发展史予以证明。一方面，弘扬中华优秀传统文化可以抵制拜金主义、享乐主义和个人主义等不良思想的传播，进一步巩固我国以马克思主义为指导的主流社会意识形态。另一方面，社会主义文化强国的建设离不开中华优秀传统文化，要想实现中华民族伟大复兴的目标就必须传承和发展传统文化。中华优秀传统文化中蕴含着古老的智慧，能够帮助我们找到符合中国国情的发展路径。

（三）实践需要的内在性

中华优秀传统文化的创新性发展，其现实可行性的根基深深植根于实践需求的内在性中。这一内在性的概念源自笛卡尔的哲学思考——当我质疑一切时，唯一确定无疑的是我正在质疑本身，即"我思故我在"的唯心主义论断，但后世的哲学家如康德、黑格尔、斯宾诺莎等在此基础上多将内在性限定于意识范畴。而马克思主义以唯物史观为基石，赋予了内在性新的内涵，即聚焦于物质世界中的社会关系与实践活动的本质联系。因此，当我们谈及传统文化创新发展的实践需要内在性时，我们是在强调其唯物主义层面的含义。中华优秀传统文化的创新发展，是社会主义建设进程中不可或缺的一部分。在几十年的社会主义建设中，通过将中华优秀传统文化与社会主义精神文明建设相融合，将传统文化思想融入经济社会发展的各个方面，我国取得了前所未有的发展。由此可见，中华优秀传统文化的创新发展是我国文化建设战略中至关重要的一环，它如同一股强大的动力，不断推动国家与民族的繁荣昌盛。

（四）文明交流互鉴的必然性

当前，国际局势的复杂多变具有较高的不确定性，给世界各国人民带来前所未有的挑战。面对这一背景，我们意识到，强大的经济实力固然是基石，而文化软实力的提升则显得尤为重要且紧迫。文明之间的交流互鉴，不仅是国家间关系和谐共进的纽带，更是推动各自文明繁荣发展的必由之路。一方面，在全球化浪潮下，世界各国的联系日益紧密，文化领域亦呈现出相互交融、难以分割的态势。另一方面，当今时代，综合国力的竞争已不再局限于经济、科技、军事等传统领域，文化软实力的竞争正逐渐成为新的竞争焦点。在此背景下，我们更应积极倡导并实践文化交流的理念。面对世界文化的多样性我们应以开放包容的心态，首先，尊重并欣赏各国文化的独特魅力；其次，学习和借鉴他国文化的精华部分，坚持"以我为主，为我所用"原则，促进中华文化的创造性转化和创新性发展。最后，我们应立足于深厚的中华传统文化根基，不断拓展对外文化交流的广度和深度，在讲述中国故事的同时，虚心学习并吸收其他民族的优秀文化成果，共同绘制人类文明和谐共生、繁荣发展的宏伟蓝图。通过这样的努力，我们不仅能够为我国文化的创新发展注入新的活力，也为全球文明多样性的保护和发展贡献中国智慧与力量，携手共创人类文明更加辉煌的未来。文明交流互鉴是必然趋势，为中华优秀传统文化的创新发展开辟了广阔的空间与无限的可能。

第三节　中华优秀传统文化创新性发展的实践要求和路径选择

一、中华优秀传统文化创新性发展的实践要求

（一）坚持以马克思主义为指导

马克思主义是马克思与恩格斯共同构建，并经全球学者不断丰富和发展的科学体系，对人类社会发展至关重要。它不仅指引我们正确认知世界，还为我们改造世界提供了宝贵借鉴。习近平总书记多次强调，我们要坚持马克思主义在意识形态领域指导地位的根本制度。同样，中国传统文化的创新发展也需坚持马克思主义指导。

之所以在创新发展中华优秀传统文化时必须坚持以马克思主义为指导，根源在于两者间深藏的诸多共通之处，这些共通不仅在理论上产生共鸣，更在某种程度上驱动了中华优秀传统文化的创新步伐。诚然，马克思主义与中华优秀传统文化根植于不同的历史土壤，发展轨迹各异，但在探索世界本质、人类命运及社会发展等核心议题上，二者却展现出惊人的相似性。具体而言：其一，马克思主义的世界性视野与开放性态度，与中华优秀传统文化所蕴含的博大精深与包容并蓄精神不谋而合，均体现了对多元文化的接纳与融合。其二，两者都是动态发展的理论体系，马克思主义随着时代变迁不断丰富完善，中华优秀传统文化亦然，二者均展现出随着社会的进步而自我革新的强大生命力。进一

步深入哲学与价值观层面，两者之间的契合更加显著：首先，马克思主义的唯物辩证法与中华优秀传统文化中的辩证思维交相辉映，如"对立统一"规律与"祸兮福之所倚，福兮祸之所伏"等智慧，均揭示了事物发展的辩证规律。其次，马克思主义强调的实践观与中华优秀传统文化中的"知行合一"理念异曲同工，均将理论与实践紧密结合，将其视为实现真理与价值的必由之路。最后，在社会理想层面，马克思主义追求的"共产主义"与中华优秀传统文化憧憬的"天下大同"愿景遥相呼应，均蕴含了对理想社会的深切向往和崇高使命的担当。综上所述，马克思主义与中华优秀传统文化的深度融合，不仅加速了马克思主义中国化的进程，更为中华优秀传统文化的创新发展注入了新的活力与动力。

要想创新发展中国传统文化，就必须以马克思主义为指导思想。我们应该坚持马克思主义与中国传统文化相结合原则，从马克思主义方法论中寻找解决当代中国实际问题的启示，从而更好地促进中国传统文化的创新发展。

（二）坚持"二为"方向

传统文化创新发展离不开两大基石：一是依靠人民群众的力量，二是坚定不移地走社会主义道路。因此，在推进中华优秀传统文化创新发展的进程中，我们务必牢记，其根本目的是服务人民、服务社会主义。

中华优秀传统文化的创新发展之路，必须坚定不移地走以人民为中心的道路，将人民群众的需求与利益置于首位，作为一切创新实践的出发点和落脚点。这意味着，我们要深入挖掘传统文化中的精髓，以人民群众易于接受、乐于传播的方式，将其融入日常生活，让传统文化在人民大众中焕发新生，创造出既富有时代气息又贴近民心的文化产品。更进一步，基于人民立场与为人民服务原则的创新发展，赋予了中华优秀传统文化更坚实的生命力和更广泛的接受度。

这样的文化，不仅能经受住时间的考验，更能在全球化的浪潮中彰显中国特色社会主义文化的独特魅力与价值。因此，坚持为人民服务，不仅是中国特色社会主义文化区别于其他民族文化的鲜明标志，也是推动中国传统文化不断创新、持续繁荣的实践指南和必然要求。

众所周知，我国正处于并将长期处于社会主义初级阶段，这一根本属性决定了国家发展的方方面面，包括经济、政治、科技、生态以及文化建设，均须坚定不移地遵循为社会主义服务的宗旨。在这一宏观背景下，中华优秀传统文化的创新与发展亦不例外。习近平总书记的深刻阐述为我们指明了方向：文艺要反映好人民心声，就要坚持为人民服务、为社会主义服务这个根本方向。这一理念，同样深刻影响中华优秀传统文化的创新之路，要求我们在传承与创新的过程中，始终坚守为社会主义服务的原则，确保文化发展的正确方向。

综上所述，中华优秀传统文化创新发展的核心动力，源自对"为人民服务"与"为社会主义服务"双重实践要求的深刻理解和积极践行。这既是对人民日益增长的文化需求的积极回应，也是推动人的全面发展、促进社会和谐稳定与繁荣富强的必由之路。值得注意的是，文化的繁荣与社会及人的发展是相辅相成、相互促进的，它们共同编织着国家进步与民族复兴的宏伟蓝图。

（三）坚守中华文化立场

中华优秀传统文化的创新性发展必须立足中华文化。只有这样，中华优秀传统文化的创新性发展才能永远走在正确的道路上。坚守中华文化立场是指在继承传统的基础上不断创新。这不仅是理论探讨的范畴，更是实践行动的指南。在实践中，既要避免文化虚无主义对传统的轻视，也要防止文化复古主义的盲目崇拜；既不应不加甄别地全盘接受传统文化，也不应无视其历史价值与现实意义。同时，面对外来文化，我们应秉持开放而理性的态度，反对"西方文化中心论"的偏颇，拒绝盲目崇洋媚外，而是运用中国独有的智慧，诠释中国特色，讲述生动的中国故事，向世界传递清晰有力的中国声音。

坚守中华文化立场是中华优秀传统文化创新性发展的实践要求。为了更好地理解和实现这一目标，我们需要从三个方面着手：首先，要坚持中华文化的主体性，即充分认识到中华民族作为中华优秀传统文化创造者的主体地位。中华民族与中华优秀传统文化之间存在一种主体与客体的关系，亦即创造与被创造的关系。中华优秀传统文化是中华民族历经数千年历史积淀下来的精神财富。因此，在传承和发展的过程中，我们需要充分尊重中华民族的主体地位，激发其内在的积极性和主动性，这样才能更好地促进传统文化的繁荣发展。其次，要坚持中华文化的本位性，这并不意味着我们要封闭自我，拒绝与其他文化的交流与合作。相反，我们应该在保持中华文化核心价值的同时，采取开放包容的态度，与世界各地的文化进行积极互动。通过理性与科学的方式学习和借鉴其他民族文化中的精华，既要坚守自身文化的根基，又要广泛汲取他山之石，这样才能使中华文化在交流互鉴中不断发展完善。最后，要坚持中华文化的独特性。中华文化历来与国外文化不同，是一种主张求同存异，合作共赢的文化，即在保持自身特色的同时，也能够理解和尊重他者的文化差异，寻求共同点。历史上，中华文化强调和谐共生、兼容并蓄，这种思想不仅体现在国内各民族之间的相互尊重与交流上，也体现在与世界各国文化的交往中。在当今世界，我们应继续传承这一传统，既保持中华文化的独特性，又积极推动与其他文化的交流互鉴，尊重差异，实现与世界各地文化的和谐共处与共同发展。

坚守中华文化立场就是要坚持中华文化的主体性、本位性以及独特性，要相信中华文化是全世界最优秀、最有魅力的文化，要在对外交流中积极宣扬中华文化，巩固中华文化在世界文化中的地位。我们既要注重传统文化的传承，更要在传承的基础上推动中华优秀传统文化的创造性转化和创新性发展。如果没有创新，传统文化将越来越落后于时代发展潮流，也就无法引导人民形成文化自信，更遑论坚守中华文化立场的目标。因此，坚守中华文化立场是我们进行中华优秀传统文化创新发展实践的基本要求之一。

（四）坚持在继承中创新

文化不可能凭空捏造，而是要在长期的历史发展中才能慢慢形成。同时，每个民族和自身文化都是一一对应的关系，直接搬运别国文化会导致国民失去文化归属感和身份认同，国内社会结构和人民价值观受到冲击，社会不稳定因素陡然增多。因此，中华优秀传统文化的创新发展必须以合理继承为原则，要采取辩证的思维方式，有选择性地发展创新。继承与创新是任何国家文化发展都不可缺失的两个重要方面，继承是创新的基础，为创新提供素材和底蕴；而创新则是继承的最终目标，二者是相辅相成的关系。

无论是国家的发展、社会的进步还是个人的成长，都是历史长河中的一个环节和阶段。因此，在探索这些发展时，我们绝不能脱离其根本。中国作为拥有五千年悠久历史的文明古国，其文化底蕴深厚而丰富。然而，在这份宝贵的文化遗产中，也不可避免地夹杂一些不适宜现代社会发展的元素。因此，在继承中国传统文化的过程中，我们不能盲目接受一切传统内容；相反，我们应该通过批判性的思考，甄别出那些具有积极意义和时代价值的部分，并在此基础上进行传承和创新。

简言之，对待中国传统文化的态度应该是有选择性的继承与创新，既要保留那些优秀的文化元素，又要摒弃那些不再符合现代价值观的内容。一方面，我们要养成辨别意识，要在继承过程中主动接纳传统文化中那些科学、健康且有助于我国社会发展进步需求的部分，摒弃那些封建落后的不利于社会发展和个人成长的文化内容。另一方面，要继往开来，在合理继承的基础上创新发展传统文化。传统文化诞生自遥远的过去，其中的时代价值需要现代人对其进行创新性转化和发展才能发挥出来。我国需要不断创新思维和方法，探索传统文化与现代社会结合的新途径，既有继承又有革新，才能让传统文化在新的时代背景下焕发生命力，为社会的发展进步提供源源不断的动力。

二、中华优秀传统文化创新性发展的路径选择

（一）树立全球视野和问题意识

随着经济全球化步伐的加快，中华优秀传统文化迎来了前所未有的发展机遇，特别是在经济繁荣的浪潮中，它正稳步迈向世界，被全球更多国家和民族所认知与接纳。面对文化多元化的时代特征，我们需秉持辩证态度，既要以开放的心态接纳并学习他国文化的精髓，又需保持清醒头脑，对各类文化进行审慎鉴别与评估。因此，在推动中华优秀传统文化创新发展的征途上，树立全球视野与强化问题意识至关重要。这意味着我们要以宽广的国际视角审视文化发展，积极促进与各国文化的交流互鉴，深化中华优秀传统文化的国际传播，提升其开放程度；同时，还需具备敏锐的洞察力和解决问题的能力，以在创新中增强中国传统文化的国际影响力和感召力。

首先，秉持开放与包容之心，学习并借鉴世界各国与民族的优秀文化成果。诚然，中华民族历经数千年沧桑，文化底蕴深厚且博大精深，但我们绝不能因此自满、故步自封；相反，应当时刻保持谦逊与宽广的胸怀，积极向其他民族学习，汲取其文化养分。当下，中国正以空前的开放姿态屹立于世界舞台，中华优秀传统文化也在全球范围内赢得了越来越广泛的认同与赞誉。然而，机遇与挑战并存，我们在推动传统文化创新发展的过程中，既要勇于博采众长，广泛吸纳世界各国文化的优秀元素，以兼收并蓄的态度丰富和发展中国传统文化；又要避免机械照搬，确保在吸收外来文化时，能够以我为主、为我所用，

坚守中华文化立场，为传统文化注入新鲜活力，使其焕发时代光彩。同时，面对纷繁复杂的外来文化，我们更需具备清醒的头脑与敏锐的洞察力，提升对文化优劣的鉴别能力。警惕一些别有用心的个人或团体，利用互联网的平台向我国民众尤其是青少年传播错误的思想观念，企图动摇其价值观根基，这对社会主义文化的健康发展构成了潜在威胁。因此，我们在积极拥抱外来文化、学习其精华的同时，必须时刻保持警惕，坚决抵制其负面影响。

其次，我们应着力于将中国源远流长的优秀传统文化推向世界舞台，让这份由先祖智慧凝结而成的宝贵遗产成为全球文化图谱中不可或缺的璀璨篇章。在推动中国传统文化创新发展的征途上，我们需主动扮演文化传播者的角色，积极弘扬与展示中国文化的独特魅力，以增强其在全球范围内的感召力与影响力。关于如何有效地传播中国传统文化及其精髓，习近平总书记的深刻论述为我们指明了方向：推动中华优秀传统文化创造性转化、创新性发展，继承革命文化，发展社会主义先进文化，不忘本来、吸收外来、面向未来，更好构筑中国精神、中国价值、中国力量，为人民提供精神指引。这一理念，是我们在文化传播工作中必须深刻领会并贯彻执行的。具体而言，一方面，我们应充分利用多元化的传播渠道，如优秀的文学作品、经典的影视作品，以及蓬勃发展的网络信息平台等，向世界讲好中国故事，展现中华民族在抗争中的坚韧不拔，讲述我们党治国理政的智慧与成就，传递中国坚持和平发展、合作共赢以及构建人类命运共同体的理念。通过这些方式，让世界更加全面地认识中国，理解中国文化的深厚底蕴与时代价值，同时运用中国智慧和中国方案为解决全球性问题贡献中国力量，推动中华优秀传统文化在国际上赢得更广泛的认同与尊重。另一方面，在文化传播过程中，我们必须尊重各国文化的独特性与多样性，避免文化冲突。在选择传播内容与方式时，需充分考虑目标受众的文化背景与接受习惯，确保传播活动既富有吸引力又恰到好处。

（二）坚定文化自觉和文化自信

文化自觉是一个国家或民族继承与发展自身传统文化的基础，而文化自信则是这一过程稳定进行的保障。文化自觉最早由费孝通先生在 1997 年提出。其主要是指生活在某种特定文化历史背景中的人们可以充分认识到自身拥有的文化，并且能够对文化的发展史和未来发展趋势有一定的理解。简要地说，就是能认识、反省、规划文化的发展。在今天看来，文化自觉是指人们能够清晰认识所处社会中的特色文化，清楚这些文化的来路去向，并能够自觉履行传承与发展文化的义务。文化自信又是什么呢？文化自信代表人民对国家的归属感，以及相信自身文化可以长久存活，能够在国际社会占据一定地位的信心，是我国人民坚持中国特色社会主义建设的底气所在。

那么，文化自觉与文化自信之间究竟存在怎样的关联呢？文化自觉是文化自信的基础，而文化自信则是文化自觉的提升和发展。没有文化自觉作为前提，文化自信便无从谈起。文化自信需要以文化自觉为基础，否则便是盲目自信，也就是自大。文化自信是文化自觉的下一阶段，也是现代国家发展均需达到的一个基准，这是因为仅仅有文化自觉的话会很容易被外来文化或不良文化影响自身文化的发展。由此可见，文化自信对于我国发展来说多么重要，为了圆满完成中国社会主义发展建设事业，我们必须具备高度的文化自觉与文化自信。首先，我们需要加强中国传统文化的教育宣传工作，待人民对中国传统文化有了深入认识之后，要引导他们把握其中蕴含的价值意义，并承担起传承与弘扬中华优秀传统文化的责任。其次，要发挥群众力量，弘扬我国优秀传统文化、革命文化以及社会主义先进文化。最后，中华优秀传统文化代表我国悠久的文明发展历程，代表我国拥有源远流长又博大精深的民族智慧。无论是以民为本、和而不同、居安思危、自强不息等社会理念，还是诚实守信、艰苦奋斗、团结友爱、尊老爱幼等个人美德，都是中国几千年以来积累的宝贵精神财富，是我国存续发展的社会基础。革命文化激励着一代又一代人为实现中华民族伟大复兴不懈奋斗。社会主义先进文化是我国在现代发展过程中产生于思想观念、文学艺术、国民教育、科学技术等多个领域中的价值导向，能引导人们形成正确的价值观，推动社会的整体进步。

从传统文化发展内在规律的角度来看，能否建立文化自觉和文化自信是实现我国传统文化创新性发展的基本条件。结合现代社会的需求和发展趋势来建立民众文化自觉与文化自信可以促进国民团结，激发全社会对传统文化的传承与创新意识。

（三）树立科学的传统文化观

关于中华优秀传统文化的创新性发展这一议题，我们认识到树立一种科学的传统文化观念至关重要。这意味着我们需要正确理解并科学地对待传统文化。自党的二十大以来，习近平总书记在一系列重要演讲中反复强调中华优秀传统文化的科学内涵、发展历程及其当代价值，凸显了中华优秀传统文化的重要性，并逐步构建了一套具有中国特色的传统文化观念。基于这些讲话精神，我们应该如何理解和对待传统文化呢？

从本质观的角度来看，其一，我们需要明确中华优秀传统文化的创造主体，即它是中华民族五千年历史积淀所形成的独特标志。其二，中华优秀传统文化的核心构成是以儒家、佛家和道家思想为主导，同时吸收了其他各种学派的多元文化体系，这些组成部分相互依存、互相补充。其三，中华优秀传统文化具有极强的包容性，能够吸收其他民族文化中的精华，进而形成具有中国特色的优秀传统文化。

从价值观的角度来看，其一，中华优秀传统文化不仅是激励中华儿女不断前进的精神动力，也是维系中华民族持续发展的精神食粮。无论是在古代战争、近现代革命还是当代改革过程中，传统文化都起到了极其重要的作用，并在维护国家统一和民族团结方面发挥了不可替代的精神纽带作用。其二，中华优秀传统文化是中国特色社会主义文化自信的重要根基。这是因为传统文化中蕴含的思想道德观念，为中国特色社会主义文化的发展提供了深厚底蕴。由此可见，它对于实现中华民族的伟大复兴具有至关重要的作用。

因此，要实现中华优秀传统文化的创新性发展，关键在于树立科学的传统文化观念。在此基础上，我们还应掌握辩证唯物主义的视角和方法，以科学的态度审视并推动传统文化的创新发展。

（四）反对文化复古主义与历史虚无主义

回顾我国文化发展的历程，不难发现其中充满了复杂的挑战与矛盾。中华优秀传统文化在追求创新发展的路上，同样面临诸多阻碍，需要我们敏锐识别并保持警觉。当前，中国特色社会主义文化正步入新阶段，急需科学的理论导航。若任由错误思潮蔓延而不加纠正，将严重阻碍我国传统文化创新发展的步伐。其中，文化复古主义和历史虚无主义尤为突出，它们如同绊脚石，威胁文化进步的脚步。

文化复古主义，作为一种近代社会思潮，以康有为、梁启超、严复等人为代表，倡导全面回归传统文化，排斥西方文化，鼓吹复兴孔孟之道为救国之道。然而，其背后往往隐藏着对个人经济及政治利益的追求。在当代，这种思潮以"儒学热""国学热"等形式重现，虽弘扬国学有其价值，但部分人过分夸大传统文化的无所不能，将其置于至高无上的地位，甚至将封建糟粕误作文化瑰宝，凌驾于社会主义文化之上，这种现象令人深感忧虑。

历史虚无主义与文化复古主义背道而驰，它全面贬低传统文化的价值，极力推崇西方文化，将其视为超越传统的典范。现今社会，仍有声音鼓吹西方文化，显然是错误的。随着网络科技的普及，历史虚无主义更是趁机蔓延，企图借此实现其政治企图。其最终可能会削弱了中国人民对本国文化的认同，割裂了传统文化与中国特色社会主义文化的内在联系，阻碍了中华民族凝聚力和向心力的提升。

文化复古主义与历史虚无主义在中国传统文化的创新之路上均构成阻碍，毫无裨益，与当代社会发展需求格格不入，阻碍了社会前进的步伐，亟须我们高度关注。因此，我们应坚决抵制并时刻警惕这两种思潮，坚持以马克思主义为引领，在中国共产党的坚强领导下，强化文化自信，积极推动传统文化的创新与发展，为中华民族的伟大复兴贡献力量。

第四节　中华优秀传统文化的传承与现代化发展

一、中华优秀传统文化传承与现代化的重要性与历史演变

（一）推进马克思主义中国化需要中华优秀传统文化

马克思主义理论是中国特色社会主义社会制度建设的指导思想，其中蕴含的唯物史观为我国制度建设提供了科学的方法论指南，并在中国特色社会主义建设实践中不断发展。推进马克思主义大众化需要中华优秀传统文化传承与现代化，一方面，马克思主义以其先进性、科学性和系统性，无疑为中国现代化建设提供了强有力的理论指导与支撑，其贡献不可磨灭。然而，它并不能替代我国悠久灿烂的传统文化，后者在提升国家文化软实力、激发民族文化自豪感与自信心，以及构建文明和谐的社会风尚中，扮演着不可或缺的角色。语言是文化交流的桥梁，文化的传承深深根植于语言的土壤中。尽管马克思主义作为

一套完备且科学的理论体系，诞生于特定的历史背景下，其精髓与价值导向独具一格，但要使其在中国大地上焕发出更加蓬勃的生命力，还需要我们需立足中国国情，深入洞察国人的思维逻辑与语言习惯，对马克思主义进行本土化、通俗化的阐释与发展。推动马克思主义"说中国话"，首要任务在于深刻剖析中国文化的精髓与特质，秉持实事求是原则，紧密联系实际，从中华文化的独特视角出发，对马克思主义进行深刻而透彻的解读。这要求我们不仅要从实践中汲取智慧，更要将理论反哺于实践，让马克思主义真正贴近人民群众的生活，用人们听得懂、能接受的"中国话"讲述其深刻内涵。

（二）提升中国软实力实现文化自信需要保护和挖掘中华优秀传统文化

中国作为历史悠久的文明古国，其文化璀璨夺目，底蕴深厚。然而，尽管经济地位已跃居世界第二，文化影响力却相对薄弱，传统文化的影响范围多局限于特定区域，这一现状与国家的经济实力不相匹配。因此，加强社会主义现代化建设，不仅是我们坚定不移的战略方向，也是一项须持之以恒的任务。在全球化背景下，面对西方自由主义、拜金主义等文化的冲击，如何有效抵御外来文化的冲击，深化国家文化建设，充分挖掘并弘扬中华文化的精髓，进而提升我国文化在全球的影响力和地位，成为我们长期关注并致力于实现的重要目标。

增强国家文化软实力是实现中华民族伟大复兴的重要任务。近代以来，西方资本主义国家依仗军事力量和经济实力向发展中国家发动战争，掠夺资源。同时，它们还通过资本媒体平台肆意引导国际舆论，歪曲事实，试图在网络上文化殖民其他国家，削弱其他国家的文化根基，扰乱国际秩序。与他们不同，我国向来以各国家和谐共处为发展目标，并在近年来的对外合作交流中，稳步提高我国文化的国际影响力。然而，我国文化软实力的发展仍有待国家进一步增加投入。近年来，我国顺应全球化发展趋势，一方面，集中力量发展经济，增强国家的经济竞争力，实现了农业、制造业和服务业的均衡推进；另一方面，我国将提升国家文化软实力提升至国家战略层面，积极开展对外文化交流，努力与其他国家维持良好的合作关系。为此，还需以传承与发展中华优秀传统文化为始，为传统文化注入新时代内涵，以健全我国现代文化体系，巩固我国的文化自信基础，让世界更加深刻地理解和欣赏中国的文化魅力。

（三）和谐世界的建立离不开中国传统文化的传承与现代化

"和合"是对中国传统和谐文化的高度概括，这种"贵和尚中、善解能容、厚德载物、和而不同"的理念，是中华民族不断追求的社会文化。几千年的历史孕育出中国人民热爱和谐共生、宽容共处、和睦相处的价值观，然后，随着时代的进步和社会的发展，我国领导人从"和合"理念中拓展出共建和谐的全球社会的倡议，顺应历史发展的必然趋势以及全球化浪潮，提出了建设"和谐世界"的理想愿景。"和谐世界"价值观念的提出，体现了中国政府对全球发展的深刻理解及其在全球事务中的责任感和使命感。当今时代，各国经济利益紧密相连，相互依存。因此，在促进本国经济发展的同时，各国也应考虑与其他国家的经贸合作，寻求互利共赢的局面。尽管生产力的进步推动了全球经济的增长，但世界经济资源仍主要集中在少数发达国家手中，并且存在明显的地区差异。不平等的现象依然存在，导致许多发展中国家经济增长缓慢，贫困问题依旧严峻。

构建和谐世界是一项长期而艰巨的任务，这需要全球各国携手合作完成。"和谐世界"的概念源自中国传统的"和合"文化，它顺应了历史发展的趋势，为改善当前国际关系提供了重要的理论基础。只要各国能够遵循联合国宪章的原则，增进彼此间的合作与交流，减少误解与分歧，并致力于和平共处，那么"和谐世界"的建立将不再是一句口号，而是能够变成现实。

二、中华优秀传统文化传承与现代化实践的成果

（一）中国传统文化传承的实践成果

1. 中国特色的民族文化品牌

随着全球综合国力竞争的日益激烈，文化作为国家软实力的重要组成部分，其作用越发凸显，我国民众对于多元化、高品质精神文化生活的需求日益迫切。"建设社会主义文化强国"这一宏伟目标被明确提出，并被确立为国家发展的重要战略方向。不仅强调构建传承我国优秀文化体系的紧迫性，更倡导民族文化应达到的自强、自信与自觉的新高度。这一号召，标志着我国人民对中华优秀传统文化价值的深刻认识与高度认同，预示着民族文化在当代中国的全面觉醒。为响应党的号召，全国各地迅速掀起了"文化强国""文化强省""文化强市"的热烈浪潮，全国人民以空前的热情投身其中，共同绘制文化繁荣的壮丽画卷。十七届六中全会还明确指出，我们必须坚定不移地"坚持社会主义先进文化前进方向"，深入践行"三个代表"重要思想，同时勇于突破传统束缚，在马克思主义理论的指导下，秉持"与时俱进"的精神，稳固并深化优秀传统文化的根基。步入党的二十大时期，文化强国战略被赋予了更加具体的实施路径与深远意义。在这一战略的引领下，对传承优秀传统文化的使命及构建完善传承体系提出了更高要求。这不仅促使我们从更加广阔的视角审视传统文化，也为广大民众指明了文化传承与创新的正确方向。未来，文化传承应兼具当代视野、未来关怀与世界眼光，确保传统文化在时代洪流中生生不息。

当前，"文化强国"的理念正通过层出不穷的文化产品得以实践。这些文化产品可划分为精神与物质两大类，而本书聚焦的是能够增进个人素养、带来身心愉悦并创造积极价值的产品。诸如武术、中医、杂技、气功、京剧等，作为我国享誉国际的文化瑰宝，其不仅深刻影响国际社会，还成为展现我国独特

风貌的窗口,众多海外人士通过这些文化产品深入探索中华文化的奥秘。这充分说明,文化产品承载丰富的民族特性,它们如同文化"印记",不仅代表国家的面貌,还凝聚了民族文化的核心价值观及传统文化的精华。

近年来,在党和国家的领导下,在全体人民的共同努力下,我国在中华优秀传统文化的传承与创新发展方面收获颇丰。在此基础上,党的二十大提出了全面建成社会主义现代化强国"两步走"战略,要于21世纪中叶完成富强、民主、文明、和谐美丽社会主义文化强国的全面建设。虽然距离实现这一目标我国还有很长的一段路要走,但从实践角度看,深入理解和全面掌握这些成就及其背后的政策导向,有利于我国更好地弘扬本国文化,促进"文化强国"这一宏伟目标的实现,进而提升国家的文化品牌形象。

2.走向世界舞台的中华优秀传统文化

中华优秀传统文化的"走出去"战略,并非仅限于文化产品的海外输出,其核心在于向世界展示我国传统文化的独特魅力,并推动其在全球范围内的传承与发展。这一过程还涵盖了促进国际社会对中国传统文化深层价值观的理解与接纳。实现文化"走出去",是文化传承与发展的高级阶段。近年来,我国通过多样化的方式,积极将中华优秀传统文化推向世界舞台,赢得了国际社会的广泛关注和认可。

在全球化的浪潮中,语言是文化的基石,保护与发展民族文化离不开对本国语言的重视与推广。汉语的国际传播正是基于此,旨在加深世界对中华文化的认识与共鸣。遍布海外的"孔子学院",作为汉语教学与文化交流的桥梁,不仅传授汉语知识,更促进了中华优秀传统文化的海外传播,这是我国文化软实力建设的重要里程碑,对和平外交及"文化强国"战略的实施产生深远影响。国际社会高度评价"孔子学院"在促进中外文化交流中的积极作用,认为它成功地将中国文化的魅力与汉语之美带给世界,生动展示了中国文化的丰富内涵与独特风采。

"中国节日"的海外推广，旨在将中国丰富多彩的节日庆典及背后的优秀传统文化精髓，以多元的内容和形式呈现给国际社会，同时注重与当地文化的和谐共生，实现"本土化"的融合。例如，象征阖家团圆的"中国年"，传递"以和为贵"的深刻寓意，展现了我国"和文化"的核心理念。这一举措让"中国节日"在国际舞台上璀璨夺目。另一个文化"走出去"的典范是"孔子文化节"，它聚焦于儒家文化的传播，儒家文化作为中华优秀传统文化的重要支柱，其广泛推广对于塑造和提升中国文化在国际上的形象产生深远影响。

随着文化"走出去"战略的深入实施，中国文学在国际舞台上日益成为焦点，拓宽了中外交流的维度，从经济领域延伸至文学艺术的深刻对话。莫言荣获诺贝尔文学奖，成为中国文学走向世界的一座里程碑，其作品跨越国界，赢得全球读者的青睐，不仅彰显了他的个人才华，更标志着中国文学在世界文学版图中地位的显著提升。这一成就激发了世界各地读者对中国文学的好奇心与探索欲，他们通过莫言等作家的笔触领略中国文学独有的"唯美诗意"，这种融合深邃意境与丰富情感表达的作品展现了中华文化的深厚底蕴与独特魅力，赢得了海外读者的广泛喜爱。中国文学的国际化传播不仅促进了文化的交流，也成为传承和弘扬中华优秀传统文化的重要途径。

（二）中华优秀传统文化现代化的实践成果

1. "实事求是"思想路线的确立

我国儒学历来重视治理国家与社会的实践智慧，强调理论与实践的紧密结合，其中"实事求是"作为贯穿我国古代哲学文化的核心理念，对后世产生了深远影响。宋代大儒朱熹提出的"即物穷理"与"格物致知"，以及明清之际王船山的"即事穷理"，均倡导通过直接接触事物、深入探究其本质，以揭示内在规律。到了清朝，面对思想领域的多元激荡，一股重视实效、实践的学风蔚然成风，学者们普遍推崇"实功""实践""实行""实事"，强调学问应服务于现实需求。明末清初之际，著名学者顾炎武提出"修己治人之实学"的思想，向当时正流行明心见性的理学派发起挑战。顾炎武的主张为后世研究以据实论证为原则奠定了基础。"实事求是"是毛泽东思想中的重要组成部分，是新时代党和国家制定与验证新中国发展战略的准则，是对我国传统文化中的哲学思想的批判性传承。它是我国成功将马克思主义哲学与我国传统文化相结合，实现传统文化现代化转型的范例。

实事求是原则强调一切应以实际情况为出发点，既要认识到在特定条件下超越资本主义充分发展阶段进入社会主义的可能性，也要明确在社会主义初级阶段不可急于求成，盲目追求更高的发展阶段。

2."小康社会"奋斗目标的明确

"小康"概念的深化是一个历史性的演进过程。起初，孔子提出的"小康"仅是一个基础构想，随后在漫长的封建社会，儒家学者不断在其基础上添砖加瓦，使其在儒学体系中逐渐丰满，影响力日益增强。

小康思想，作为儒家社会理想的延续与人类对美好未来的共同向往，历经数百年而不衰，却始终未能完全实现。在此背景下，邓小平同志心系国家与人民，将民族复兴与民众福祉紧密结合，设定了既鼓舞人心又脚踏实地的小康目标。他引领改革开放，秉持实事求是、解放思想原则，深刻反思过往经济发展中的不切实际之处，全面审视国情，明确中国与西方的差距，进而确立了小康社会的奋斗方向。围绕这一目标，邓小平同志进行了深入而全面的阐述，最终形成了完整的小康社会思想体系，这构成了邓小平理论的重要组成部分。

3."以人为本"价值理想的提出

自 1944 年毛泽东同志撰写《为人民服务》一文以纪念张思德同志的英勇

事迹为契机，"为人民服务"这一理念便深深植根于中国共产党的价值观中，成为中国共产党始终坚持的根本宗旨。"以人民为本"与"为人民服务"在本质上传递相同的价值理念，两者共同指向了中国共产党一切行动的根本出发点和落脚点——人民的利益。以首都钢铁厂为例，其厂区内醒目地镌刻着"以人民为本"的标语，这不仅仅是一句口号，它深刻反映了首钢所有生产经营活动的核心价值导向——所有努力都应围绕人民的需求和福祉展开。

三、中华传统文化传承和现代化的对策思考

（一）方向：创新和发展

创新是实现中华民族伟大复兴的核心动力，我国现代发展建设的基本原则就包括坚持创新的核心地位。创新精神是中华优秀传统文化传承与创新发展的支柱。国家现代化实质上是由社会各个层面的现代化所构成的，只有社会中的方方面面都完成了现代化，才能说这个国家实现了全面的现代化发展。近现代以来，中华民族始终把实现现代化作为主要奋斗目标，并寄希望于能够在科学技术研发方面赶超西方各国。

1.新时期中国传统文化传承与现代化的指导思想

文化自信首先需要坚持马克思主义在意识形态领域的指导地位。党对国家的领导需要促进全体国民形成团结、友好、和谐发展的中华民族共同体意识，确保全体国民坚定不移地听党话、跟党走。要帮助国内大众深化对马克思主义的理解，并树立正确的观念意识，加强我国特色文化建设并提高国民文化自信。中国不仅要传承和发展自身的传统文化，还要多借鉴国外文化发展过程中形成的优秀成果，推动古今中外的优秀文化融合，以促进我国文化的创新性发展。同时，要加强对中华优秀传统文化的传承与发展。中国传统文化中的很多思想理念至今仍在影响我国与其他一些国家社会意识形态的形成，其中蕴含的

仁、义、礼、智、信等优秀的为人品质更是受到全世界各国人民的一致推崇。我国应该于当下和未来将马克思主义与中国传统优秀文化以及革命文化结合发展，形成具有中国特色的先进文化，用以引领我国多元文化的发展。马克思主义是马克思以探究自然、社会和人类思想发展基本规律为导向而创造的理论体系。我国发展以马克思主义为指导思想有利于抵制和消解错误思潮对我国发展的消极影响，并由此使我国各族人民形成共同的社会发展理想，实现多元文化共存并巩固马克思主义在社会意识形态中的指导地位。

其次，要继续宣传我国的社会主义核心价值观，要建立具备我国特色的国家价值体系。我国的社会主义核心价值观虽然仅有简短的二十四字，包括国家发展目标——富强、民主、文明、和谐；社会发展目标——自由、平等、公正、法治；个人发展目标——爱国、敬业、诚信、友善，但要想真正全面实现这些目标的过程却是漫长且充满挑战的。党和国家应坚持培养和引导人民践行社会主义核心价值观，不断推进和完善中国特色的现代文化体系建设，以适应时代发展的需要。

2. 遵循先进文化自身发展规律

第一，先进文化的根基深深扎根于先进生产力的沃土中，它不仅是生产力的精神引擎，还为其提供了不可或缺的智力支持与动力源泉。鉴于我国社会主义初级阶段的生产力发展尚显不足，当前的核心使命便是推动生产力的飞跃，这不仅是社会主义现代化的核心驱动力。中国共产党，作为先进生产力的先锋队，致力于全面统筹、优化配置社会资源，通过持续深化改革，释放生产力，同时，坚定不移地加强物质文明的构建。

第二，先进文化是一种面向未来、紧跟现代化步伐的文化形态。它坚定不移地朝向现代化的光明大道迈进，勇于摒弃封建社会的遗毒与资产阶级的腐朽观念。在构建先进文化的过程中，首要任务是清晰区分历史文化遗产中的封建糟粕与民族瑰宝，积极挖掘并传承那些蕴含"忠恕之道""自强不息"的君子精神、"厚德载物"的博大胸怀、"勤学敬业"的进取态度以及"天下为公"的崇高理想，同时赋予这些传统精神以新时代内涵，实现其创新性转化与丰富发展。此外，还需警惕并坚决抵制西方文化中那些非正义、非人道、具有侵略性、掠夺性、破坏性及颓废色彩的腐朽元素，确保文化安全，为人类的共同福祉保驾护航。

第三，先进文化具备广泛性和开放性，它致力于消除愚昧、等级与虚伪，持续演进，并促进文化普及至大众，即推动大众文化的繁荣与成长。大众文化的成熟，实则是先进文化成就的一个鲜明标志。因此，我们需秉持人本理念，构建与市场经济相契合的大众文化体系。

每个国家在不同历史阶段都孕育独特的文化风貌。依据文化发展的普遍规律，多样性作为文化生命力的源泉，是文化传承与创新不可或缺的基石。因此，促进不同文化间的相互学习、交流，不仅是文化进步的必由之路，也是最高效的文化发展方式。

3. 走中国特色现代化文化发展道路

2021年7月1日，习近平总书记在庆祝建党100周年大会上宣告——我国已经全面建成小康社会，我国的下一个发展目标是建成社会主义现代化强国❶。面对不断变化的国内外形势，我国应加大对国内文化发展的支持，制定配套的具体政策制度，推动当代中国文化朝着大发展、大繁荣的方向稳步迈进。文化自信是党和人民道路自信的一种体现，在走中国特色社会主义发展道路上就有建成具有中国特色的社会主义文化体系这一目标。

马克思主义始终指引中国人民走向民族复兴。随着我国民族复兴大业的推进，中国文化复兴已成必然。

---

❶ 中共中央党史和文献研究院. 全面建成小康社会大事记 [EB/OL]. 2021-07-21/2024-09-3. https://www.gov.cn/xinwen/2021-07/27/content_5627807.htm.

时至今日，我国以马克思主义为指引，致力于构建一种现代化、国际化、民族化、科学化并重的社会主义新文化，旨在融合中华优秀传统文化的深厚底蕴与世界文化的精华，创造出独具一格、引领潮流的新文化形态。这一努力旨在提升我国文化在全球文化格局中的影响力，实现文化强国的宏伟蓝图。

（二）中华优秀传统文化传播的路径

中华优秀传统文化中的文化元素，既承载深厚的历史积淀，又展现出与时俱进的先进性。面对日新月异的现代化进程，我们应紧跟时代步伐，强化文化软实力，将文化兴国视为重要战略，坚持在传承中创新，实现文化的内涵式发展与现代化转型。同时，要激发知识分子的创造力，并充分利用"互联网+"平台，既扎根本土文化，又面向全球视野，推动文化的繁荣发展。

1. 高度重视文化兴国的战略地位

自两极格局瓦解以来，全球政治版图逐步向多极化演进，经济领域则加速全球化步伐，这一趋势深刻影响了文化领域，促使其展现出日益显著的全球化特征。在此背景下，政治经济格局中的弱势国家往往难以有效抵御来自发达国家强势的文化渗透策略，由此面临的不仅是文化安全的挑战，更是国家生存与发展的潜在危机，这导致文化传承过程中产生不容忽视的负面效应。鉴于此，我们提出如下见解：为在国际舞台上有效传达并彰显本国文化魅力，我们必须摒弃传统的文化外交模式，转而采用更人性化、更具策略性的人文外交手段。针对我国而言，西方文化早已大举进军国内文化市场，其影响力日益凸显，形成了一定程度的挤压态势。面对此情境，我国需在深度挖掘与创新发展传统文化的基础上，积极拥抱新型传播媒介，充分利用高新技术，紧跟文化传承网络化、信息化、数字化的时代潮流，力求实现具有鲜明中国特色的国际化文化表达，让世界听见并理解中国声音。随着文化全球化进程的加快，各国纷纷审视并反思自身文化发展模式与全球化趋势的契合度，中国亦不例外。作为拥有五千年悠久文明史的国家，我们在璀璨的历史文化光芒照耀下，须警惕文化骄傲主义与文化保守主义的滋生，避免陷入自我满足与封闭的误区。然而，令人欣慰的是，中国在探索传统文化的创新发展之路上，已开辟出一条符合国情、独具特色的发展路径。为构建具有中国特色的社会主义文化体系，我国正积极行动，将本土现实与国际文化语境紧密结合，依托新型媒介平台和先进科技手段，精心打造并推广具有品牌效应的文化氛围。

坚持人文外交战略，关键在于拓宽官方与民间文化交流的渠道，实现两者的有效融合。对于我国文化发展而言，首要任务是让文化"走出去"，即让我国的外交文化，不仅限于传统优秀文化如戏曲、春节、武术等，更多地走向世界。历史的车轮滚滚向前，文化亦需随之进化，这要求政府与民间携手并进，共同为传统文化注入新活力，促进其创新发展。鉴于孔子学院已在全球遍地开花，我国政府应敏锐捕捉这一文化交流的宝贵机遇，在充分动员民间力量的基础上，探索建立"朱子书院""老子学院"等文化交流平台，以此作为全方位传播中华优秀传统文化的新窗口。通过汇聚人民群众的集体智慧与创造力，我们能够更加高效地推动中国传统文化的创新与发展。

2. 坚持内涵型的文化传承与现代化发展

在充分吸收了几十年中国现代化建设经验后，我国现已确立未来国内经济与文化的主要发展模式。在经济方面，我国现已走上高质量、全面、可持续的区域协调发展道路，而文化发展则是要坚持内涵式发展，坚持立足本国实际，坚持遵循文化发展的基本规律，以传承与发展中国传统文化为基础，全面落实党的二十大精神，以满足人民群众日益增长的文化需求，增强国家文化软实力，提升我国文化的国际影响力。近年来，文化界出现了一个新的概念——文化圈，这个概念借鉴了水波纹的原理，即从一个中心点出发，逐步向外扩散，最终影响到世界各地，而且这种影响是超越时间和空间限制的。对于中国传统文化的传承而言，采用"文化圈"的理念非常合适，它能够帮助中华优秀传统文化进入全球市场，增强其国际影响力。综上所述，在当今激烈的全球文化市场竞争中，中华优秀传统文化的传承与发展需要采取切实可行且效果显著的战略，这不仅有助于拓宽中华文化的国际影响力，还能提升国家的软实力。

3. 利用"互联网+"平台

我国的文化复兴事业在某种程度上受传播人数和传播范围的影响。增加传播人数意味着有更多的参与者和受众，可以促进文化的多样性传播，吸引更多的人参与到文化的传承和发展中，而扩大传播范围可以让中华文化跨越地理界限，吸引更广泛的国外受众，有助于提高国际社会对中国文化的理解和尊重。假设一个民族具备强大的网络传播能力，那么它便能跨越地域限制，快速地将自身文化中的思想和价值观念传至远隔千山万水的各个地区。当前，我国要实现文化复兴，就要将党的二十大精神贯彻到现代传媒体系的建设中，需要制定更加健全的制度规范像出版社、广播电视台等现代媒体机构的日常工作，同时也要统筹管理卫星、网络基站、电信电缆等信息传播基础设备。要加强新技术的研发应用，并加强传播机构组织人才队伍建设，针对岗位需要培养高素质的综合型专业创新人才。当前我国正处于社会经济转型的关键时期，我国需要强大的传播体系引导国内舆论动向，很显然，我国的传播体系建设还有待进一步发展。我国需要继续发展高新传播技术，努力缩小与发达国家之间的差距，当然，这一目标并非短期内就能实现，还需要我们以长远的眼光和务实的态度，不断推进传播体系的现代化建设。

第四章　　中华优秀传统文化融入高校思政教育

中华优秀传统文化是中华民族在数千年历史发展过程中积累并传承下来的精神财富，它蕴含着丰富的哲学思想、道德观念、人文精神和审美情趣，对当代社会的发展和个人的成长具有重要指导价值。高校思政教育作为培养大学生正确世界观、人生观和价值观的重要途径，承担着为国家和社会培养德才兼备人才的重任。有必要将中华优秀传统文化融入高校思政教育，以丰富思政教育的内容，为其注入新的活力，使思政教育更具亲和力和吸引力，从而提高教育的有效性。

第一节　　中华优秀传统文化融入大学生
思政教育的价值

一、提升大学生思想道德修养

中华优秀传统文化可以为大学生思想道德修养的提升提供深厚的文化滋养。例如，作为中华优秀传统文化的核心价值观之一的儒家的"仁爱"思想中的"仁者爱人"是说人们要有一颗善良、宽容的心，要关心他人的疾苦，尊重他人的人格和权利。在高校思政教育中融入"仁爱"思想，能够引导大学生树立关爱他人、乐于助人的良好品德，培养他们的社会责任感和奉献精神。在校园生活中，教育学生关心同学，当同学遇到困难时，主动伸出援手，给予帮助和支持。鼓励学生参与志愿服务活动，如关爱孤寡老人、关爱留守儿童、义务献血等，增强大学生的社会责任感。

中华优秀传统文化与社会主义核心价值观高度契合，对培育大学生的价值观具有重要的价值。在国家层面，传统文化中的民本思想与"富强、民主、文明、和谐"的价值目标紧密相连。"民惟邦本，本固邦宁"，早在《尚书》中就明确提出了民本思想，强调人民是国家的根本，只有人民安居乐业，国家才能繁荣稳定。儒家倡导的"仁政"思想，主张统治者要以民为本，关心人民的福祉，"得民心者得天下"，这体现了对人民主体地位的尊重。这些思想观念引导大学生认识到国家的发展离不开人民的努力，要关注国家的命运，积极参与国家建设，为实现国家的富强、民主、文明、和谐贡献自己的力量。

在社会层面，传统文化中的"和为贵""兼爱""非攻"等思想与"自由、平等、公正、法治"的价值取向相呼应。"和为贵"强调和谐的重要性，主张人与人之间、人与自然之间要和谐相处，这有助于培养大学生的和谐意识，使他们在社会交往中能够尊重他人，包容差异，促进社会的和谐稳定。墨家的"兼爱"思想倡导无差别的爱，认为人与人之间应该平等相待，相互关爱，这与社会主义核心价值观中的平等观念相一致。"非攻"思想反对战争，追求和平，体现了对正义与和平的追求，与社会主义核心价值观中维护社会公平正义、促进社会和谐的要求相契合。传统文化中对法治的重视，如法家的"以法治国"思想，强调法律的权威性和公正性，为大学生树立法治观念提供了思想基础。通过学习这些传统文化思想，大学生能够更好地理解社会的价值取向，自觉遵守社会规则，维护社会的公平正义。

在个人层面，传统文化中的"仁、义、礼、智、信"等道德准则与"爱国、敬业、诚信、友善"的价值准则高度契合。"仁"是儒家思想的核心，体现为关爱他人、尊重他人，"己所不欲，勿施于人"，教导大学生要以仁爱之心对待他人，培养良好的品德。"义"要求人们在行为上符合道义，坚守正义，当面对困难和抉择时，能够做出正确的判断和选择，能使大学生群体的爱国敬业信念更为坚定。"礼"注重礼仪和规范，教导大学生要遵守社会礼仪，尊重他人，培养良好的行为习惯。"智"强调智慧和知识，鼓励大学生努力学习，提升自己的能力和素质，为实现个人价值和社会价值奠定基础。"信"即诚实守信，是做人的基本准则，要求大学生在人际交往和社会生活中要讲信用，守承诺，树立良好的个人形象。这些道德准则通过言传身教、文化传承等方式，深入到大学生的思想和行为中，引导他们成为具有高尚道德品质的人。

中华优秀传统文化通过丰富的内涵和生动的事例，引导大学生在思想和行为上践行社会主义核心价值观。大学生可以深入理解其中的思想精髓，并将其与现实生活相结合，思考如何在日常行为中体现社会主义核心价值观。在面对国家利益和个人利益的冲突时，大学生可以从传统文化中汲取爱国精神，以国家利益为重，做出正确的选择。在学习和工作中，大学生可以借鉴传统文化中敬业的精神，认真对待每一项任务，努力提高自己的专业素养。在人际交往中，大学生可以运用传统文化中的友善、诚信等准则，建立良好的人际关系，促进社会的和谐发展。

二、增强大学生文化认同与自信

中华优秀传统文化是中华民族独特的精神标识，承载着中华民族的历史记忆和智慧结晶，对增强大学生的文化认同与自信具有重要价值。

中华优秀传统文化能够帮助大学生深入了解中华民族绵延五千年历史中流传下的文化精髓。通过学习传统文化，大学生可以了解到中华民族的起源、发展历程以及在不同历史时期所创造的辉煌成就。在学习中国古代科技史时，学生们可以了解到中国古代的四大发明——造纸术、印刷术、火药和指南针，这些发明对世界文明的发展产生了深远影响，是中华民族智慧的象征。了解中国古代的文学、艺术、哲学等方面的成就，如唐诗、宋词、元曲、明清小说等文学体裁，以及书法、绘画、音乐、舞蹈等艺术形式，了解到中华民族独特的审美情趣和文化内涵。这些知识能够让大学生深刻认识到中华民族文化的博大精深，增强他们对民族历史的认同感和自豪感。

在全球化的背景下，文化多元化趋势日益明显，各种外来文化对大学生的思想观念和价值取向产生了一定的影响。将中华优秀传统文化融入高校思政教育，能够帮助大学生树立正确的文化观，引导他们理性看待外来文化，坚定对本民族文化的自信。通过对传统文化的学习，大学生可以认识到中华优秀传统文化的独特价值和魅力，它不仅是中华民族的精神支柱，也是世界文化宝库中的瑰宝。通过对传统文化思想的学习，大学生能够更加坚定地认同和传承本民族文化，增强文化自信。

文化自信是一个国家、一个民族发展的根基。大学生作为国家的未来和民族的希望，具备文化自信对于其个人成长和国家发展都具有重要意义。增强大学生的文化自信，能够激发他们的民族自豪感和责任感，使他们更加积极主动地传承和弘扬中华优秀传统文化。在文化自信的支撑下，大学生能够以更加开放、包容的心态对待外来文化，在文化交流与融合中保持本民族文化的特色和独立性。而且，文化自信还能够为大学生提供强大的精神动力，鼓励他们在学习和生活中勇于创新、敢于担当，为实现中华民族伟大复兴的中国梦贡献自己的力量。

第二节　中华优秀传统文化融入大学生思政教育的现状分析

一、中华优秀传统文化融入大学生思政教育的成果

在课程设置方面，众多高校积极开设与中华优秀传统文化相关的思政课程，将传统文化元素融入到思政教育的课程体系中。例如，部分院校开设课程以儒家经典著作为核心，深入讲解儒家的思想观念、道德准则和价值取向，并结合现代社会的实际情况，引导学生思考如何将儒家思想应用于现代生活中，培养学生的道德修养和社会责任感。通过对《论语》《孟子》等经典篇章的研读，学生们深刻理解了"仁爱""礼义"等儒家思想的内涵，学会了如何在人际交往中尊重他人、关爱他人，以及如何在面对困难和挑战时坚守道德底线。又有部分院校开设了"中国传统艺术与思政教育"课程，将中国传统绘画、书法、音乐、舞蹈等艺术形式与思政教育相结合，通过欣赏和分析传统艺术作品，引导学生感受其中蕴含的文化精神和价值观念，提高学生的审美素养和文化自信。在学习中国传统绘画时，学生们不仅了解了绘画的技巧和风格，更体会到了画家们通过作品表达的对自然、人生的感悟，以及对家国情怀的抒发，从而增强了对传统文化的热爱和对民族精神的认同。

在校园文化建设方面，有多所高校积极营造富含中华优秀传统文化氛围的校园环境，开展丰富多彩的校园文化活动，使学生在潜移默化中受到传统文化的熏陶。部分院校打造了具有传统文化特色的校园景观，如在校园内修建了孔子雕像、诗词长廊等，这些景观不仅美化了校园环境，更成为传播传统文化的

重要载体。学校还定期举办传统文化节，包括诗词朗诵比赛、书法绘画展览、传统手工艺制作等活动，吸引了众多学生参与。在诗词朗诵比赛中，学生们通过朗诵经典诗词，感受诗词的韵律之美和文化内涵，激发了对传统文化的兴趣和热爱。书法绘画展览则展示了学生们的书法绘画作品，让学生在欣赏和创作中领略传统文化的魅力。部分院校成立了多个与传统文化相关的社团，如国学社、汉服社、戏曲社等，社团组织开展各类活动，如国学讲座、汉服展示、戏曲表演等，为学生提供了学习和传承传统文化的平台。国学社邀请专家学者举办国学讲座，讲解传统文化的经典著作和思想理念，拓宽了学生的视野。汉服社通过举办汉服展示活动，让学生了解汉服的历史和文化，传承中华民族的服饰文化。

在实践活动开展方面，高校积极组织学生参与与中华优秀传统文化相关的实践活动，让学生在实践中深入了解和传承传统文化。部分院校组织学生开展"非遗传承"实践活动，学生们深入民间，拜访非遗传承人，学习剪纸、刺绣、皮影戏等非物质文化遗产的制作和表演技艺。通过参与这些实践活动，学生们不仅掌握了非遗技艺，更深刻认识到非遗保护和传承的重要性，增强了文化保护意识和社会责任感。在学习剪纸技艺时，学生们了解到剪纸作为中国传统民间艺术，具有丰富的文化内涵和艺术价值，它承载着人们对美好生活的向往和祝福。学生们将自己学习到的剪纸技艺运用到实际创作中，创作出了许多具有创意和文化内涵的剪纸作品，并通过举办剪纸展览等方式，向更多人展示和传播剪纸艺术。部分院校开展了"传统文化进社区"志愿服务活动，组织学生走进社区，为社区居民讲解传统文化知识，举办传统文化活动，如书法教学、传统节日习俗介绍等。通过这些活动，促进了社区文化建设，同时也提高了学生的社会实践能力和沟通能力。在书法教学活动中，学生们耐心地教社区居民书法技巧，让居民们感受到了书法艺术的魅力，丰富了社区居民的文化生活。

二、当前中华优秀传统文化融入大学生思政教育存在的问题

尽管当前在将中华优秀传统文化融入高校思政教育方面取得了一些积极成果，但在实际推进过程中，仍然存在着部分问题。

师资力量不足是一个较为突出的问题。部分思政教师对中华优秀传统文化的理解和掌握不够深入系统，缺乏扎实的传统文化知识储备和研究能力。在讲解传统文化相关内容时，难以做到深入浅出、旁征博引，无法充分展现传统文化的魅力和价值，导致教学效果不尽如人意。一些教师虽然意识到传统文化融入思政教育的重要性，但由于自身能力有限，在教学过程中无法将传统文化与思政教育有机结合，存在"两张皮"的现象。还有部分院校的思政教师表示自己在将传统文化融入思政教学时存在困难，主要原因是对传统文化的了解不够深入，缺乏相关的教学方法和技巧。这反映出当前高校思政教师队伍在关于传统文化教学能力方面还有待进一步提升。

教学方法单一也是影响融合效果的因素之一。在部分高校的思政课堂上，仍然以传统的讲授式教学为主，教师照本宣科，缺乏互动性和趣味性，难以激发学生的学习兴趣和积极性。对于中华优秀传统文化的教学，很多教师只是简单地介绍传统文化的基本知识和理论，没有引导学生进行深入的思考和讨论，学生处于被动接受的状态，对传统文化的理解和感悟不够深刻。而且，在教学手段上，部分教师对现代信息技术的应用不够充分，未能充分利用多媒体技术、网络资源丰富教学内容和形式，教学过程显得枯燥乏味。这种单一的教学方法和手段，不利于学生学习和理解中华优秀传统文化，也无法满足学生多样化的学习需求。

融合深度不够是当前面临的又一挑战。一些高校在将中华优秀传统文化融入思政教育时，仅仅停留在表面，存在形式主义的问题。在课程设置上，虽然

开设了相关的传统文化课程或在思政课程中增加了传统文化的内容，但没有对教学内容进行系统的整合和优化，缺乏深度和连贯性。在校园文化活动中，一些活动只是为了迎合传统文化的主题而举办，没有真正将传统文化的内涵和价值融入到活动中，学生参与活动只是为了完成任务，没有从中获得实质性的收获。在实践活动方面，部分实践活动缺乏明确的目标和计划，与思政教育的结合不够紧密，无法达到预期的教育效果。这些问题导致中华优秀传统文化在高校思政教育中的育人功能未能得到充分发挥。

随着全球化的深入发展，文化多元化的趋势日益明显，各种外来文化大量涌入，对中华优秀传统文化产生了强烈的冲击。西方文化中的个人主义、享乐主义等价值观，通过电影、电视、网络等媒体对大学生的思想观念和价值取向产生了一定的影响，使部分大学生对中华优秀传统文化的认同感和归属感降低。一些大学生热衷于追求西方的时尚文化和流行文化，对本国的传统文化缺乏兴趣和了解，甚至产生了排斥心理。在这种文化多元化的背景下，如何引导大学生正确认识和对待外来文化，坚定对中华优秀传统文化的自信，是将中华优秀传统文化融入高校思政教育面临的一个重要挑战。

教育理念的更新也是一个不容忽视的问题。传统的教育理念侧重于知识的传授和应试能力的培养，对学生的综合素质和创新能力的培养重视不够。在将中华优秀传统文化融入高校思政教育的过程中，需要树立以学生为中心的教育理念，注重学生的个性发展和全面成长。然而，部分高校和教师仍然受传统教育理念的束缚，在教学过程中过于注重知识的灌输，忽视了学生的主体地位和自主学习能力的培养，不利于学生对中华优秀传统文化的深入理解和传承。如何更新教育理念，适应新时代对人才培养的需求，也是当前面临的一个重要挑战。

三、中华优秀传统文化融入大学生思政教育出现的问题成因分析

教育理念滞后是导致中华优秀传统文化融入高校思政教育面临困境的重要原因之一。目前，个别思政教师仍然秉持传统的教育理念，过于注重培养学生应试能力，忽视了学生的综合素质和创新能力的培养。在这种教育理念的影响下，思政教育往往侧重于理论知识的灌输，难以激发学生的学习兴趣和主动性。对于中华优秀传统文化的教育，仅仅将其视为一种知识的传授，而没有认识到其在培养学生的道德品质、文化素养和民族精神方面的重要作用，导致传统文化在思政教育教学中浮于表面，无法真正发挥其育人功能。

制度保障不完善。高校在课程设置和教学管理方面，缺乏对中华优秀传统文化融入思政教育的系统规划和明确要求。没有建立起完善的课程体系和教学评价机制，导致相关课程的开设缺乏稳定性和规范性，教学质量难以保证。在课程设置上，部分高校虽然开设了一些与传统文化相关的课程，但这些课程往往是作为选修课或通识课，没有与思政教育的核心课程有机结合，缺乏系统性和连贯性。在教学评价方面，对传统文化融入思政教育的教学效果缺乏科学合理的评价标准和方法，难以准确评估教学的成效，也无法为教学改进提供有力的依据。

高校在师资队伍建设和教学资源配置方面，对传统文化融入思政教育的支持力度不足。没有建立起有效的教师培训机制，难以提升教师的传统文化素养和教学能力。在教学资源配置上，缺乏对传统文化教学所需的教材、图书资料、实践基地等资源的投入，限制了教学活动的开展和教学效果的提升。

教师素养不足是影响融合效果的直接因素。部分思政教师对中华优秀传统文化的理解和掌握不够深入，缺乏系统的传统文化知识储备和研究能力。在教学过程中，难以将传统文化与思政教育有机结合，无法准确把握传统文化的内

涵和价值，也难以将其转化为生动有趣的教学内容，导致教学效果不佳。一些教师虽然意识到传统文化融入思政教育的重要性，但由于自身能力有限，在教学方法和手段的运用上缺乏创新，仍然采用传统的讲授式教学，难以激发学生的学习兴趣和参与度。而且，这部分教师往往还缺乏对学生的深入了解，不能根据学生的特点和需求进行有针对性的教学，导致教学内容与学生的实际需求脱节，影响了学生对传统文化的学习和接受。

第三节　中华优秀传统文化融入思政教育的
必要性与可行性分析

一、必要性分析

在全球化浪潮的席卷下，文化多元化的趋势日益凸显，不同国家和地区的文化相互交流、碰撞与融合，但同时也对本土文化产生了强烈的冲击。西方文化凭借其强大的传播力和影响力，通过将好莱坞电影、韩剧、日本动漫等流行文化产品在全球范围内广泛传播，使其中所蕴含的个人主义、享乐主义、消费主义等价值观对我国大学生的思想观念和价值取向产生了一定的影响。一些大学生对本土文化的关注度逐渐降低，甚至出现了对传统文化的误解和排斥。在这种背景下，将中华优秀传统文化融入思政课程，有助于增强大学生对本土文化的认同感和归属感，抵御外来文化的不良影响，坚定文化自信。通过学习中华优秀传统文化，大学生能够深入了解中华民族的历史传承和文化精髓，认识到本土文化的独特价值和魅力，从而更加自觉地传承和弘扬中华优秀传统文化。

当前，一些大学生在思想观念和行为方式上存在着问题，如道德观念淡薄、责任感缺失、心理素质脆弱等。部分大学生在校园中存在不文明行为，如乱扔垃圾、随地吐痰、破坏公共设施等，反映出他们道德修养的不足。一些大学生在面对学习和生活中的困难时，容易产生负面情绪，缺乏应对挫折的能力。还有一些大学生过于关注个人利益，忽视集体利益和社会责任，缺乏团队合作精神和奉献精神。中华优秀传统文化蕴含着丰富的道德教育资源和人生智慧，将其融入思政课程，能够为大学生提供正确的价值导向和行为规范，帮助他们解决思想和行为上的问题。传统文化中的"仁爱""礼义""诚信"等道德观念，能够引导大学生树立正确的道德观念，培养良好的道德品质。传统文化中的"自强不息""坚韧不拔"等精神，能够激励大学生在面对困难时勇往直前，培养坚强的意志品质。传统文化中的"家国情怀""天下为公"等思想，能够增强大学生的社会责任感和使命感，引导他们关注国家和社会的发展，积极参与社会实践，为实现中华民族伟大复兴的中国梦贡献自己的力量。

二、可行性分析

中华优秀传统文化与思政课程在育人目标上具有高度的一致性。思政课程的目标是培养学生正确的世界观、人生观和价值观，使其成为具有高度社会责任感、良好道德品质和创新精神的社会主义建设者和接班人。中华优秀传统文化强调人的道德修养和自我完善，倡导"修身、齐家、治国、平天下"，将个人的道德修养视为实现社会和谐与国家繁荣的基础。这种育人目标的一致性，使得中华优秀传统文化能够助力思政课程更好地实现其育人功能。

近年来，随着国家对传统文化的重视程度不断提高，出台了一系列政策文件，为中华优秀传统文化融入思政课程提供了政策支持。《关于实施中华优秀传统文化传承发展工程的意见》明确指出，要把中华优秀传统文化全方位融入思想道德教育、文化知识教育、艺术体育教育、社会实践教育各环节。《新时代爱国主义教育实施纲要》强调，要深入挖掘中华优秀传统文化蕴含的思想观念、人文精神、道德规范，结合时代要求继承创新，让中华文化展现出永久魅力和时代风采。这些政策文件为高校开展传统文化教育提供了明确的指导和方向，推动了传统文化与思政课程的融合。在政策的引导下，高校纷纷加大对传统文化教育的投入，开设了相关课程，举办了各种文化活动，为传统文化融入思政课程创造了良好的条件。

高校拥有强大的师资力量和丰富的教学资源，为中华优秀传统文化融入思政课程提供了有力的保障。高校的思政教师大多具有较高的学术水平和专业素养，他们在教学过程中能够将传统文化与思政教育有机结合，运用多种教学方法和手段，提高教学效果。一些思政教师通过深入研究传统文化，在课堂上能够深入浅出地讲解传统文化的内涵和价值，引导学生进行思考和讨论。高校还拥有图书馆、博物馆、文化场馆等丰富的教学资源，为学生提供了学习传统文化的平台。图书馆收藏了大量的传统文化典籍，学生可以通过阅读这些典籍，深入了解传统文化的精髓。博物馆、文化场馆举办的传统文化展览、讲座等活动，也为学生提供了近距离接触和感受传统文化的机会。

第四节　中华优秀传统文化与大学生思政教育融合的有效途径探讨

一、将优秀传统文化和校园建设相结合

校园文化建设是大学教育的重要组成部分，将中华优秀传统文化融入校园建设，能够营造浓厚的文化氛围，使学生在潜移默化中受到传统文化的熏陶和感染，从而促进学生的全面发展。

校园景观是校园文化的重要载体，将中华优秀传统文化元素融入校园景观

建设，可以打造具有文化底蕴和特色的校园环境。在校园中修建具有传统文化特色的雕塑、亭台楼阁、长廊等景观，如孔子雕像、孟子雕像等，这些雕像不仅具有艺术价值，更能够让学生在欣赏艺术的同时，感受到传统文化的魅力，了解古代思想家的思想和精神。建设诗词长廊，在长廊的墙壁上刻上经典的诗词作品，让学生在漫步长廊时，能够诵读诗词，感受诗词的韵律之美和文化内涵。部分院校在校园内打造了一条"国学文化长廊"，长廊中展示了国学经典著作，包括《诗经》《论语》《史记》等经典著作的选段，以及古代名家的书法、绘画作品。通过这些展示，学生们能够更加直观地了解中华优秀传统文化的发展脉络和丰富内涵。

校园文化活动是学生参与度较高的校园活动形式，将中华优秀传统文化融入校园文化活动，可以丰富活动的内容和形式，提高学生的参与积极性。举办传统文化节，在传统文化节期间，开展各种形式的文化活动，如诗词朗诵比赛、书法绘画展览、传统手工艺制作、传统音乐演奏、戏曲表演等。通过这些活动，学生们深入了解了中华优秀传统文化，增强了对传统文化的认同感和自豪感。社团活动是学生课余生活的重要组成部分，成立与中华优秀传统文化相关的社团，可以为学生提供一个学习和交流传统文化的平台，培养学生的兴趣爱好和特长。成立国学社、汉服社、戏曲社、茶艺社等社团，社团定期组织开展各类活动，如国学讲座、汉服展示、戏曲排练、茶艺培训等。部分院校的国学社每周都会组织一次国学讲座，邀请专家学者为学生讲解传统文化经典著作，如《论语》《孟子》《老子》《庄子》等。通过讲座，学生们深入了解了古代思想家的思想和智慧，拓宽了文化视野。汉服社则定期举办汉服展示活动，学生们穿着传统汉服，展示汉服的款式、颜色和配饰，同时介绍汉服的历史和文化内涵。这些活动不仅让学生们了解了汉服文化，还增强了学生对传统文化的热爱和传承意识。戏曲社的学生们则积极排练戏曲节目，参加学校和社会的文艺演出，通过表演戏曲，传承和弘扬了中国传统戏曲艺术。茶艺社组织学生学习茶艺知识和技能，了解中国茶文化的历史和内涵，通过茶艺表演和交流活动，提高学生的文化素养和社交能力。

二、构建平台弘扬中华优秀传统文化

构建多元化的平台是弘扬中华优秀传统文化、促进其与高校思政教育深度融合的重要举措。通过打造校内文化平台、拓展校外实践平台以及搭建网络传播平台，可以为学生提供更加丰富多样的学习和体验机会，增强学生对传统文化的理解和认同，提升思政教育的效果。

校内文化平台的建设对于营造浓厚的校园文化氛围、促进学生对传统文化的学习和传承具有重要意义。高校可以设立传统文化研究中心或相关机构，整合校内的学术资源，组织专家学者开展对中华优秀传统文化的深入研究。部分院校成立了"中华优秀传统文化研究中心"，该中心汇聚了文学、历史、哲学等多个学科的专业教师，他们围绕传统文化的各个领域开展研究工作，取得了一系列的研究成果。中心定期举办学术研讨会，邀请国内外知名学者前来交流，分享最新的研究动态和成果，为师生提供了一个学习和交流的平台。中心还组织编写了一系列关于传统文化的教材和读物，深入浅出地介绍了传统文化的内涵和价值，为学生的学习提供了有益的参考。

校外学习平台的拓展能够让学生走出校园，深入社会，在实践中感受和传承中华优秀传统文化。高校可以与博物馆、文化馆、图书馆等文化机构建立合作关系，组织学生参观学习。部分院校与当地的博物馆签订了合作协议，定期组织学生参观博物馆的展览，让学生近距离欣赏文物，了解文物背后的历史和文化。在参观过程中，博物馆的讲解员为学生们详细介绍文物的年代、制作工艺、文化内涵等知识，使学生们对传统文化有了更直观、更深入的了解。高校还可以与文化机构合作开展文化活动，如举办传统文化讲座、文化展览等，如与当地的文化馆合作举办了"传统文化进高校"系列活动，文化馆的专业人员走进校园，为学生们带来传统音乐、舞蹈、戏曲等表演，同时，还可以开展传统文化知识讲座和培训活动，受到了学生们的热烈欢迎。开展社会实践活动也是校外实践平台建设的重要方面。高校可以组织学生开展文化调研活动，深入民间，了解各地的传统文化习俗和传承情况。大学生自发组成了多个文化调研小组，分别前往不同的地区，对当地的传统节日、民间艺术、民俗风情等进行调研。在调研过程中，学生们通过问卷调查、访谈、实地观察等方式，收集了大量的第一手资料，并对这些资料进行了整理和分析，撰写了调研报告。通过这些调研活动，学生们不仅了解了各地传统文化的特色和魅力，还为传统文化的保护和传承提供了一些有效的建议。高校还可以组织学生参与文化传承志愿服务活动，如帮助文化传承人整理资料、宣传传统文化等。大学生志愿者们积极参与当地的非物质文化遗产保护工作，他们帮助剪纸、刺绣等非遗传承人整理作品资料，拍摄制作宣传视频，通过网络平台进行宣传推广，让更多的人了解和关注非遗文化。

在互联网时代，网络传播平台的搭建对于中华优秀传统文化的弘扬和传播具有不可替代的作用。高校可以建设校园文化网站，开设传统文化专栏，发布与传统文化相关的文章、图片、视频等内容。部分院校的校园文化网站"文化传承"专栏会定期更新传统文化的相关内容，包括传统文化经典解读、历史故事、文化名人介绍等。这些内容形式多样，生动有趣，吸引了众多学生的关注和浏览。高校还可以利用社交媒体平台，如微信公众号、微博等，传播传统文化。如利用学校的微信公众号"校园文化"，每周推送关于传统文化的文章，文章内容涵盖了传统文化的各个方面，如传统节日的由来和习俗、传统艺术的欣赏和解读、传统文化与现代生活的融合等。通过文章生动的语言、精美的图片和有趣的案例，让学生们在轻松愉快的氛围中了解和感受传统文化的魅力。

开发传统文化相关的 App 也是一种有效的网络传播方式。高校可以组织专业人员开发具有特色的传统文化 App，为学生提供便捷的学习和交流平台。App 包含传统文化知识学习、文化活动信息发布、文化交流社区等功能。学生可以通过 App 学习传统文化知识，参加线上文化活动，与其他同学交流学习心得和体会。App 还设置了游戏环节，如诗词接龙、成语填空等，让学生在游戏中学习传统文化，增加了学习的趣味性。

第五章　大学生传统文化教育

第一节　大学生传统文化教育的意义

大学生是文化素质较高的青年群体，他们是推动未来中国社会主义现代化建设的主力军。传承和创新传统文化需要当代大学生积极主动参与并接受系统的传统文化教育，提升自身的文化素养，为中国传统文化的传承与发展贡献青春力量。大学生传统文化教育是将中华优秀传统文化按照有目的、有组织、有计划的高校教学传递给大学生的过程，通过大学生传统文化教育，可以进一步甄别、提炼传统文化中有益于当今社会发展的部分，保证中华优秀传统文化于当今社会的实用性。

高校承担着双重责任：提升国民素质，培养符合时代需求的高素质人才；同时，也要弘扬并发展传统文化。美国学者罗伯特·缪尔逊在《全球化的利弊》中提及，全球化如同一把双刃剑，它促进了经济增长、技术传播，改善了各国生活水平，但也引发了国家主权受侵、本土文化被侵蚀及经济社会稳定受威胁等争议。在全球化和文化多元的今天，大学生身处多元文化交融的环境，加强传统文化教育对他们而言至关重要。

一、大学生传统文化教育实现以文化人

文化的一个核心作用是教化，即通过其核心价值观、信仰体系及相应的行

为规范来塑造社会成员的思想观念和行为模式。"观天以知时，观人以化世"，治理国家既要洞悉自然规律以指导生产生活，也要深入理解社会人文，建立和谐的人伦秩序，从而引导民众遵循礼仪，实现社会的全面和谐与进步。古人认为文化具有教养功能，而文化教育是大化天下的可行方案。借古鉴今，运用中华优秀传统文化引导大学生思想道德的发展，定能促进其形成健康向上的价值观，对他们的思想境界和日常行为产生深远且正面的影响。

第一，大学生传统文化教育有助于帮助大学生正确看待我国历史，增强文化自信，找到作为中华民族一员的责任感与使命感，更好地继承和发展民族精神。首先，大学教育素有弘扬中华优秀传统文化的责任，这就需要培养大学生建立正确的历史观。中国传统文化跨越了五千年的历史长河，其内涵丰富却难免有利有弊。当代大学生需要站在批判继承的角度，择取传统文化中对个人成长和社会进步有益的部分。通过大学高校优秀传统文化教育可以让学生了解到中国发展到今天这一路上的风风雨雨，知晓先辈们为捍卫中华民族做出的伟大牺牲，提高他们的爱国热情，增强他们对国家和民族的归属感与荣誉感。其次，在文化全球化的浪潮中，施行高校优秀传统文化教育可以帮学生树立文化自信，抵制国外文化入侵。能够让大学生通过网络主动向国外传播我国的优良文化传统，影响到更多的外国友人，提高我国文化的国际影响力。还能让学生在多元文化的碰撞交流中，兼收并蓄，取长补短，激发新的思想和技术的进步，推进中国传统文化的现代化转型与创新发展。最后，依托传统文化教学，能够使学生认识到发展文化的重要性，鼓舞当代大学生投身到社会主义现代化建设中，实现中华民族伟大复兴的中国梦。

第二，传统文化教育对大学生的思想道德修养提升及健全人格的形成具有积极作用。《大学》开篇便阐明，"大学之道，在明明德，在亲民，在止于至善"。这里所指的"大学"，非今日之高等教育机构，而是指追求高尚品德的学问。当代大学生欲行君子之道，需秉持君子之德，通过自我反省，持续精进，提升道德修养，追求至善至美为人生宗旨。通过实践，将美德融入日常，不断更新自我，完善人格。最终达到人性中最完美的境界。简而言之，君子之学旨在彰显高尚品德，追求人格的完美，其核心在于道德修养与自我完善。

自改革开放以来，我国逐步构建起社会主义市场经济体制，这一历史性变革极大地激发了国民经济的活力，不仅促使人民生活水平实现了质的飞跃，也深刻影响了国民的价值观念、思维模式和日常生活方式。在此背景下，当代大学生，作为改革开放深入发展阶段的见证者与参与者，相较于前辈，他们享受着更加丰富的物质资源，面临着更为多元的价值导向和生活选择，现代化元素在他们的成长轨迹中占据了举足轻重的地位，而传统文化的印记则在一定程度上有所淡化。部分大学生不可避免地受到了西方实用主义、享乐主义等思潮的影响，其人生观、价值观悄然发生着变化，一些传统道德观念逐渐边缘化，民族自豪感和自信心面临挑战，道德底线有所松动，甚至出现了拜金主义、极端个人主义等不良倾向的苗头。这种现象不仅威胁着大学生个体的全面发展，也对社会的和谐与进步构成了潜在阻碍。"义利之辨，古来有之，出入之间，尽显人心。"儒家思想强调仁义为本，提倡君子爱财，取之有道，主张在追求物质利益的同时不失道义之基；而墨家则倡导兼爱非攻，认为义利应相辅相成，共同构成社会和谐的基石，提出"义利相生，无义则乱"的论断。这些传统智慧跨越时空，为我们提供了处理精神与物质关系的重要启示。将传统文化中的"义利统一"观念引入当代社会语境，即倡导精神追求与物质追求的和谐共生。对于当代大学生而言，这意味着在追求个人发展与物质满足的同时，应坚守道德底线，树立正确的价值观。

第三，传统文化教育能够赋予大学生强大的精神动力，激励他们为实现中华民族的伟大复兴的中国梦贡献力量。

国家的历史文化至关重要，其蕴含的精神力量能转化为推动发展的物质动能。中国正迈向民族复兴之路，此复兴的基石是中国传统文化的复兴。传统文化承载着强大的民族精神，是民族团结的纽带，也是培育大学生民族自尊与自豪感的源泉。通过传统文化教育，大学生能深入接触并感受传统文化的魅力，学习前人智慧，提升文化素养，深化对传统文化的认同。这一过程不仅赋予他们精神力量，还激发了爱国热情与民族责任感，促使他们将这份情感转化为投身中国特色社会主义建设的实际行动，共同推动中华文化的繁荣复兴。

二、通过大学生传统文化教育实现文化传承与创新

民族的绵延不绝与国家的繁荣昌盛，离不开文化传承。反观当下，社会中存在对文化传承的忽视。"传统文化，乃国家与民族存续发展的灵魂所在，一旦失落，便是精神血脉的断裂。"现代高等教育之精髓，在于深耕并实践文化的传承、交汇与创新，它需从中华民族传统文化的深厚土壤中汲取智慧养分，从而孕育出丰富的精神资源，铸就坚韧不拔的生命活力。在传统文化教育的实践中，坚定不移地维护社会主义主流文化，引导当代青年学子汲取传统文化之精髓，内化于心，外化于行，以此促进中国传统文化的薪火相传与革故鼎新。文化传承与创新，是当代大学生传统文化教育的核心任务。首先，大学生传统文化教育承担着传递中华民族独特文化基因的重任。文化，作为人类区别于其他生物的本质标志，其多样性则深刻体现了不同民族间的鲜明特色。中国传统文化，正是这样一股流淌在中华儿女血脉中的文化基因，它超越了地域的界限，定义了"中国人"这一共同的身份认同。在全球文化软实力竞争日益激烈的今天，中国传统文化作为中华民族的瑰宝，更需发挥其独特作用，为社会主义现代化建设及中华民族伟大复兴的中国梦提供不竭的精神动力。因此，我们有必

要通过系统性的教育手段，有意识、有目的地将这份宝贵的文化传递给每一位大学生，激发他们自觉传承与弘扬中国传统文化的热情与责任感，携手共筑中华民族的伟大复兴之梦。

其次，加强大学生传统文化教育，对于抵御文化渗透具有深远的意义。在全球经济一体化浪潮的推动下，我国社会主义市场经济蓬勃发展，人们在享受物质与精神生活双重飞跃的同时，也目睹了社会文化的多元化格局日益显著。中国传统文化，作为千年文明的瑰宝，以其海纳百川的包容性和深邃博大的内涵，在历史的长河中历久弥新，证明了其不仅不排斥外来文化，反而能够汲取其精华，为我所用，不断丰富自身。然而，面对外来文化的渗透，我们必须树立起坚定的文化安全意识。当我们的思维模式与价值观念日益接近外来体系时，实则是文化基因在潜移默化中发生着变化，文化渗透的威胁不容忽视。因此，强化大学生传统文化教育，旨在引导这一群体树立正确的文化观念，培养他们成为中华文化的坚定守护者与传承者。通过教育，使他们具备识别与抵御外来文化不良侵蚀的能力，确保在全球化文化交流的洪流中，中华文化能够稳固根基，独树一帜，避免在文化的激荡与融合中失去自我，让璀璨的中华文化之光永远照亮人类文明的星空。

最后，大学生传统文化教育有力地推动着中国传统文化的创新性转化与创造性发展。文化因交流互鉴而绚烂多彩，文明因包容并蓄而丰富多彩。在审慎防范文化渗透的同时，我们应秉持开放包容的心态，积极吸纳外来文化的精华，特别是那些对社会主义现代化建设具有积极意义的元素，从而既保持中国传统文化的独特民族性，又紧跟世界发展的时代潮流。当代大学生，作为在多元文化交织背景下成长起来的新一代，自然而然地成为中华文化与世界文化交流互鉴的桥梁与使者。通过加强传统文化教育，我们能够引导大学生深刻理解并把握当代中国社会发展的现实需求，促使他们主动"挖掘"那些在历史长河中可能被遗忘或边缘化的文化传统，以批判性的眼光继承其中的精髓，同时积极汲取外来文化中积极向上的养分。在此基础上，大学生需学会妥善处理继承与创新的关系，依据时代的特征与要求，对传统文化中仍具价值的内核进行现代性转化，摒弃其过时的表现形式，赋予其鲜活的时代内涵与现代表达，从而激活其内在生命力。同时，紧跟时代步伐，结合新的社会发展成果与科技进步，对传统文化进行必要的补充、拓展与完善，最终实现中国传统文化在当代社会的创新性价值重构，让古老的文化传统焕发新的生机与活力。

第二节　大学生传统文化教育的主要内容与基本原则

一、大学生传统文化教育的主要内容

（一）以天下兴亡、匹夫有责为重点的爱国主义教育

2023 年 10 月 24 日，十四届全国人大常委会第六次会议表决通过《中华人民共和国爱国主义教育法》中明确提到，高校教育系统要提高政治站位，全面落实法律规定，厚植爱国主义情怀，努力培养担当民族复兴大任的时代新人。大学生是即将踏入社会，加入社会主义发展建设的预备力量。高校理应教学生深刻认识到国家的兴衰与个人的命运息息相关，以报效祖国，促进我国现代化建设为荣，以好逸恶劳，无所作为为耻。要引导学生将实现中华民族伟大复兴作为穷尽一生为其奋斗的目标，争相为实现中国梦贡献自己的力量，要迎向世界各国审视的目光，做自信、自主、自立、自强、自尊的新时代中国人。

爱国主义是一种崇高的道德品质，它反映在个人对国家、对集体的深情厚谊。爱国主义，一般表现为自觉团结同胞，维护社会和谐，能以实际行动支持

国家发展等。爱国主义促使每一个国人无论身处何方，都能心系祖国，关心民族的命运，指引着每一个中华儿女携起手来向着更加美好的明天迈进。

爱国主义深植于丰厚的传统文化土壤，彰显着中华民族独特的文化韵味。其核心体现在对民众福祉的深切关怀、对故土家园的深厚眷恋、对家国至高价值的坚定认同与坚守，以及对共同文化信仰的不懈追求。这些情感与"重民本、倡仁爱、崇正义、守诚信、尚和谐、求大同"的传统文化价值观紧密相连，共同构成了中华民族的精神基石。正如钱穆先生所言，家国相连，家成国之本，二者相辅相成，体现了深厚的人文情怀。在中国古代，政治体系深深根植于血缘纽带之中，家国同构的政治模式独具特色，孕育了"忠君孝亲"等道德伦理。家国情怀作为传统文化的重要组成部分，其影响深远而广泛，渗透于文学、思想等各个领域，成为中华文化的鲜明标识。

（二）以仁爱共济、立己达人为重点的社会关爱教育

所谓的"社会关爱"，正如《完善中华优秀传统文化教育指导纲要》所强调的，主要涉及处理好人与社会、人与自然以及人与他人的关系。这意味着我们要培养一颗仁慈的心，处处为他人考虑，尊重老人和爱护儿童，帮助残疾人和贫困者，并且积极贡献于社会，同时对自然怀有敬意和爱护之心。我们应当致力于在社会中营造一种风气，让每个人都乐于奉献，热衷于公益事业。通过这样的努力，我们将能够把青少年培养成为具备良好文明素质、高尚修养、懂得礼节并且充满爱心的新一代中国人。

在儒家思想的众多论述中，"处世"问题被视作一个核心议题，主要探讨的是如何正确地对待这个世界及如何与人和谐相处。这种社会情怀的核心在于"仁"，并通过儒家的忠恕之道来体现："己欲立而立人，己欲达而达人"以及"己所不欲，勿施于人"。这些原则构成了处理人际关系的基本准则。儒家教导

我们在日常生活中要做到设身处地为他人着想，即所谓"将心比心"。如果希望得到他人的仁爱与宽容，首先应当主动给予他人同样的仁爱与宽容。对于自己不愿意做的事情，就不应该强加给别人。我们应当根据自己的内心体验来推断他人的感受，站在他人的立场上思考问题，并且尊重他人的利益和想法。最终的目标是要实现真正的理解和尊重，即"理解他人，尊重他人"。

当然，在儒家思想中，忠恕之道不仅局限于家庭内部，更向外延伸至整个社会。例如，"老者安之，朋友信之，少者怀之"以及"老吾老，以及人之老；幼吾幼，以及人之幼"，这些都是忠恕之道的具体表现。在古代社会，儒家的伦理道德强调人们应当关心、爱护、尊敬他人，能够感同身受地为他人着想，必要时甚至愿意牺牲个人的利益来帮助他人。这种精神倡导"仁爱互济、立己达人"的理念，推崇一种超越血缘关系的广泛爱心，即"四海之内皆兄弟"。这些传统的思想至今仍然具有重要的现实意义。它们有助于加强现代社会中人与人之间的友好关系，减少矛盾和冲突的发生，同时也能培养当代大学生的社会责任感和社会意识。

（三）以正心笃志、崇德弘毅为重点的人格修养教育

古代中国人是非常重视修身养性之道的。所谓修身养性，即努力提高自身道德修养，通过读书、静思、琴棋书画等磨炼心性，最终达到身心和谐的状态。有关修身养性的学说随着时代的变迁而不断丰富和发展，构成了中国传统文化内核的一部分。在漫长的历史进程中，传统文化中的修养学说造就了许多为了正义不惜牺牲、为了保卫国家英勇奋战、充满浩然正气的民族英杰，引导着一代又一代人修身养性，要求自己养成高尚人格。

尽管传统文化的重要性不容忽视，但目前中国高校的人格教育中很少有学校将其置于核心地位。仍存在部分高校要么不重视中华优秀传统文化的教学。

　　然而，传统文化对于一个国家和民族来说意义重大——没有自己独特文化的民族，就如同失去水源的鱼，面临着消亡的风险。传统文化对于培养个人品格同样至关重要。因此，中国的大学在培养学生的健全人格时，应当依托于传统文化的基础。在全球化的今天，各种文化和思想观念不断交汇碰撞，多元的价值观充斥着大学生的生活。在这种背景下，我们尤其需要加强传统文化的传播和教育。不过，传承和发扬传统文化并不意味着简单地回到过去，而是要在现代社会的基础上对其进行创新和发展。当代大学生的人格培养工作应当包括对传统文化的传承与弘扬，同时也要让这些文化精髓得到新的生命和活力。传统文化强调人格修养，并在历史的演进中孕育出了四种具有代表性和指导意义的理想人格模式。

　　儒家重视完美的情操和崇高的道德，其人格理想是以成为"圣人"或"贤人"为目标的君子。儒家代表人物如孔子和孟子等人，将古代的先贤如尧、舜、禹、汤等视为理想化的人物，赋予他们超越常人的品德、智慧以及伟大的成就。这些先贤身上体现了克己复礼、大道之行、天人合一、安邦定国等美德，这些都是儒家极力推崇的品质，并被尊为全体社会成员学习的典范。"仁"是这种圣贤人格的核心价值，它倡导仁爱的精神。君子在家庭中要孝敬父母、友爱兄弟姐妹；在社会上则要广施仁爱，关爱每一位社会成员；甚至对待自然界也应怀有一颗爱护之心。这种仁爱之心通过"礼"的形式展现出来，即在社会交往中始终保持礼貌和谦逊的态度，做到内外兼修。历代的圣贤通过一系列修养过程，包括"格物""致知""诚意""正心""修身"，不断提升和完善自身，最终达到"齐家、治国、平天下"的崇高境界。在这个过程中，他们在社会角色中尽职尽责，不断磨砺和提升自己的人格，使之臻于完善。

二、遵循的基本原则

（一）坚持正确的思想导向，与现代思想教育相适应

当代大学生传统文化教育教学需要坚定马克思主义的指导地位，坚持以马克思主义方法论展开教学。马克思主义是近代人类社会发展过程中产生的最伟大的理论成果。将马克思主义同我国基本国情相结合，坚持理论结合实践，是我国自成立以来在各个发展阶段取得成功的主要因素。随着我国社会主义市场经济的不断推进，国内社会文化多元化的发展趋势逐渐明显，但文化传承与发展要以马克思主义为引导的社会现实却不曾改变。巩固马克思主义在我国社会意识形态领域中的领导地位，据此开展大学生传统文化教育教学，是确保我国文化教育事业在文化全球化背景下始终保持正确的方向，平稳发展的基础条件。

传统文化展现出来的行为准则、思维方式以及价值观念，在历史发展中不断演化、积累并传播，同时通过独特的方式得以传承和发展。

（二）坚持传承中创新，与时代精神教育和革命传统教育相结合

社会在发展，时代在不断前进，如果一个民族的文化没有创新，就必定会渐渐落后。因此，大学生传统文化教育也应该紧跟时代的步伐，守正创新，要挖掘和继承传统文化中的有用成分，将之融入高校思想政治教育体系，使中国文化教育事业发展之树常青。

中华民族的传统文化是全民族宝贵的精神财富，诸如"以和为贵""天人合一""自强不息""厚德载物"等理念，都是我们民族不可或缺的精神瑰宝。因此，在对大学生进行传统文化教育时，我们要坚定不移地传承这些宝贵的思想理念。

与时俱进不仅是马克思主义理论的核心要求，也是推动民族进步和国家兴

旺发达的重要源泉。要想让传统文化在当今社会得到持续传承，就需要不断创新和发展，使之更贴近当代大学生的生活实际。这不仅意味着要发掘传统文化中的优秀思想内核，而且还需要对其进行形式和内容上的更新与转化，使其焕发新的生命力。只有坚持与时俱进的原则，才能更好地协调传统与现代的关系，以及继承与发展之间的平衡。这样一来，传统文化才能够实现形式与内容上的革新，从而真正激发起大学生对传统文化的兴趣和热情，促使他们愿意主动去接受、学习并运用这些宝贵的文化遗产。

（三）坚持传统文化显性教育与隐性教育相结合

教育可分为显性教育与隐性教育两种形式，二者各有其独特的实施方式和效果。对于传统文化的显性教育，我们可以充分利用我国教育体系的优势，通过一系列公开的手段和场合，采取系统化的教学模式。这种教育方式是有计划、有组织且设有评估反馈机制的，能够确保传统文化的教学内容得以有序实施。具体来说，国家教育部门可以统一制定和规定课程安排及教学大纲，以此保证教学内容的规范性和计划性。

至于传统文化的隐性教育，则侧重于将其融入大学生的日常学习生活中，通过潜移默化的方式对学生的思想、道德、价值观和情感产生深远的影响。在这种教育模式下，无需刻意规划或正式安排，而是通过学校的各类活动和文化氛围让学生在不知不觉中接触到中华优秀传统文化，从而自然而然地吸收其中的知识，并受到熏陶。

传统文化的显性教育与隐性教育之间存在着互补、促进和融合的关系，二者具有内在的一致性。为了更好地在高等教育中弘扬中华优秀传统文化，高校应该构建一个全面的教育体系，这个体系以传统文化理论课为核心，同时让各个专业的课程相互协作，共同发挥作用。在这个体系中，我们应该充分考虑当代大学生的特点和实际情况，灵活运用多种学习途径，比如组织丰富多彩的校园活动、利用互联网资源和多媒体技术等手段，对学生进行有效引导和教育。在此过程中，发挥显性教育和隐性教育各自的优势，实现二者的互补和协同，构建一个高效的方法体系至关重要。

第六章　中华优秀传统文化融入大学生创新创业教育

在当今竞争激烈的就业市场中，具备创新、创业能力的学生更容易脱颖而出，获得更好的职业发展机会。创新创业教育能够培养学生的自主学习能力、问题解决能力和实践操作能力，使学生在面对各种挑战时能够从容应对。此外，创新创业教育还能够激发学生的内在潜力，让学生实现自我价值，为个人的成长和发展奠定坚实的基础。

第一节　大学生创新创业教育

现代大学生创新创业教育课程通常旨在同时提升学生的创新和创业方面的能力，鼓励他们在未来的职业生涯中不仅能够成为优秀的员工，也能够成为具有远见和社会责任感的企业家。

创新，基于哲学理念进行解释，即是说人类对物质世界进行利用和再创造，从而形成新物质形态的带有创造性实践活动。创新活动带有开拓性与原创性，是对已有事物的突破与革新。大学生创新教育旨在激发学生的创新意识，培养其创新思维，使学生掌握创新方法与技能，进而提升创新能力。创新意识的培养，能够让学生敏锐地察觉到问题，并主动寻求新的解决方案；创新思维的锻炼，有助于学生打破传统思维的束缚，从不同角度思考问题，提出独特的见解；创新方法与技能的传授，则为学生的创新实践提供了有力的工具和手段。

创业，是一种需要创业者运营、组织，运用服务、技术、器物作业进行思考、推理和判断的劳动方式。创业行为的特征在于通过实际行动获取正当利益，这不仅需要创业者具备商业头脑和市场洞察力，还需要具备良好的组织协调能力、团队管理能力以及风险承受能力。大学生创业教育，就是要培养学生的创业意识、创业精神和创业能力，让学生了解创业的基本流程和方法，掌握创业所需的知识和技能，从而为未来的创业实践做好充分准备。创业意识的培养，能够让学生对创业产生浓厚的兴趣和热情，激发他们的创业动力；创业精神的塑造，能够培养学生的坚韧不拔、勇于冒险、敢于担当的品质；创业能力的提升，则能够让学生在创业过程中更好地应对各种挑战和困难。

创新创业教育，是基于创新基础上的创业活动教育，它既不同于单纯的创新教育，也不同于单纯的创业教育，而是兼具两种教育的理念。创新创业教育的目标，是培养具有创新精神、创业能力和社会责任感的高素质人才。通过创新创业教育，学生能够将创新思维与创业实践相结合，发现市场机会，创造社会价值。同时，创新创业教育还注重培养学生的团队协作能力、沟通表达能力和领导能力，使学生具备全面发展的综合素质。

针对大学生进行创新创业教育具有多方面的意义。从个人层面来看，它有助于提升学生的综合素质和就业竞争力。在当今竞争激烈的就业市场中，具备创新、创业能力的学生更容易脱颖而出，获得更好的职业发展机会。创新、创业教育能够培养学生的自主学习能力、问题解决能力和实践操作能力，使学生在面对各种挑战时能够从容应对。此外，创新创业教育还能够激发学生的内在潜力，让学生实现自我价值，为个人的成长和发展奠定坚实的基础。

从社会层面来看，大学生创新创业教育是推动经济发展和社会进步的重要力量。大学生作为未来的创新者和创业者，他们的创新成果和创业实践能够为社会带来新的技术、产品和服务，促进经济增长和就业机会的增加。创新创业教育还能够培养学生的社会责任感，使学生关注社会问题，积极寻求解决社会问题的创新方案，为社会的和谐发展做出贡献。

从国家层面来看，大学生创新创业教育是实施创新驱动发展战略的重要举措。在全球经济竞争日益激烈的今天，创新已成为国家竞争力的核心要素。通过加强大学生创新创业教育，培养大批具有创新精神和创业能力的高素质人才，能够为国家的科技创新和经济发展提供强大的人才支持，提升国家的综合实力和国际竞争力。

第二节　中华优秀传统文化融入大学生创新创业教育的意义

一、提供精神动力

（一）自强精神激发创业意志

中华优秀传统文化中蕴含着丰富的自强精神，如"天行健，君子以自强不息"，《周易》中的这句话，将天的运行刚健有力作为一种象征，激励着人们在生活和事业中不断自我鞭策、积极进取、永不放弃。在大学生创新创业教育中，这种自强精神对学生创业意志的激发作用是多方面且深远的。

创业之路从来都不是一帆风顺的，充满了各种未知的挑战和困难。大学生在创新创业过程中，往往会面临资金短缺、技术难题、市场竞争等诸多困境。在面对这些困难时，自强精神能够赋予学生坚定的信念和不屈的毅力，让他们坚信自己有能力克服困难，实现创业目标。当学生遭遇创业项目失败、资金链断裂等挫折时，如果他们内心深处有着"自强不息"精神的支撑，就不会轻易被打倒，而是会把挫折视为成长的机遇，从中吸取经验教训，调整策略，再次勇敢地尝试。这种精神让学生明白，每一次的挫折都是一次磨练，只有经历风雨，才能见到绚烂的彩虹。

自强精神还能培养学生的自我驱动力和责任感。在创业过程中，学生需要主动地去发现问题、解决问题，而不是依赖他人的帮助。"自强不息"的理念促使学生不断地自我反思、自我提升，积极主动地去学习新的知识和技能，提升自己的综合素质，以适应创业的需要。这种自我驱动的学习和成长意识，有助于学生在创业的道路上不断前进。自强精神还能让学生认识到自己的创业行为不仅关乎个人的发展，还可能对社会产生积极的影响，从而激发他们的社会责任感，使他们更加努力地去追求创业成功，为社会创造价值。

（二）进取精神推动持续创新

传统文化中积极进取的思想对学生持续创新有着重要的推动作用。自古以来，中华民族就秉持着积极向上、不断进取的精神，这种精神贯穿于历史的长河之中，在文学、艺术、科技等各个领域都有所体现。

积极进取的思想让学生树立起追求卓越的目标。在创新创业的道路上，学生不满足于现状，不断追求更高的成就。他们勇于挑战传统，敢于突破常规思维的束缚，尝试新的商业模式、技术应用和产品设计。这种追求卓越的精神促使学生不断探索未知领域，寻找新的创新点，从而推动创业项目的不断发展和升级。在互联网创业领域，许多大学生创业者不满足于已有的商业模式，积极探索新的应用场景和服务方式，通过不断创新，为用户带来了全新的体验，也为自己的创业项目赢得了市场份额。

进取精神还能激发学生的好奇心和求知欲。对未知世界的好奇和对新知识的渴望是创新的源泉。在传统文化的熏陶下，学生受到古人求知若渴、不断探索精神的感染，在创业过程中，他们会积极主动地去了解行业动态、市场需求和前沿技术，不断拓宽自己的知识面和视野。这种好奇心和求知欲促使学生不断尝试新的方法和思路，将不同领域的知识和技术进行融合创新，从而为创业项目注入新的活力。

二、塑造思维方式

（一）辩证思维助力决策

中华优秀传统文化中蕴含着丰富的辩证思维，这种思维方式对大学生在创新创业中的决策有着重要的指导作用。辩证思维强调用全面、联系、发展的观点看待事物，注重事物的矛盾性和两面性。《道德经》中"有无相生，难易相成，长短相形，高下相倾，音声相和，前后相随"的论述，深刻地体现了事物的相互依存和相互转化关系。这种辩证思维能够帮助学生在创业决策中，全面地分析问题，避免片面性和绝对化。

在市场分析方面，学生可以运用辩证思维，看到市场的动态变化和各种因素之间的相互关系。市场需求不是一成不变的，而是受到多种因素的影响，如经济形势、社会文化、科技发展等。学生需要用联系的观点，综合考虑这些因素，预测市场的发展趋势，从而做出准确的市场定位和产品规划。在分析竞争对手时，辩证思维也能帮助学生客观地看待对手的优势和劣势，既不盲目轻视对手，也不妄自菲薄。学生可以从对手的成功经验中学习，从对手的失败中吸取教训，找到自己的竞争优势和差异化发展路径。

在面对创业过程中的风险和机遇时，辩证思维同样发挥着重要作用。风险和机遇往往是并存的，在看似不利的情况下，可能隐藏着潜在的机会；而在看似有利的局面中，也可能存在着风险。学生运用辩证思维，能够在风险中发现机遇，在机遇中警惕风险。当市场出现新的技术或政策变化时，虽然可能会给现有的创业项目带来一定的冲击，但同时也可能创造出新的市场需求和发展空间。学生如果能够用辩证思维看待这种变化，及时调整策略，就有可能抓住机遇，取得成功。

（二）发散思维拓展创新空间

传统文化中的许多经典著作和思想观念能够启发学生的发散思维，为创新提供广阔的空间。发散思维是一种从不同角度、不同方向思考问题，寻求多种解决方案的思维方式。传统文化中的诗词、绘画、哲学等艺术形式，都蕴含着丰富的想象力和创造力，能够激发学生的发散思维。

中国古典诗词常常通过简洁的文字描绘出丰富的意境，给人以无限的遐想空间。李白的诗歌"飞流直下三千尺，疑是银河落九天"，运用夸张和想象的手法，将庐山瀑布的雄伟气势展现得淋漓尽致。这种丰富的想象力能够启发学生突破常规思维的束缚，从不同的角度去思考问题。在创新创业中，学生可以借鉴诗词中的思维方式，对产品的设计、营销等方面进行创新。在产品设计上，学生可以从诗词所描绘的意境中获取灵感，赋予产品独特的文化内涵和情感价值；在营销方面，学生可以运用富有诗意的语言和创意，吸引消费者的注意力，提升品牌的知名度和美誉度。

传统文化中的哲学思想也能够培养学生的跨界思考能力，促进不同领域间的交流与碰撞。儒家的"中庸"思想强调在处理问题时要把握好度，追求一种平衡和和谐的状态；道家的"无为而治"思想则倡导顺应自然，不要过度干预事物的发展。这些哲学思想虽然看似与创新创业没有直接关联，但它们所蕴含的思维方式和价值观念，能够启发学生从不同的学科领域和生活经验中汲取灵感，将不同的知识和技能进行融合创新。一个学习理工科的学生，在创业过程中可以借鉴儒家的"中庸"思想，在技术研发和市场推广之间找到平衡，避免只注重技术而忽视市场需求，或者只追求市场份额而忽视技术创新的问题；同时，道家的"无为而治"思想也能让学生在企业管理中，学会适当放权，充分发挥团队成员的积极性和创造性，营造一个宽松、和谐的创新环境。

三、培育道德素养

（一）诚信为本构建商业信誉

诚信是中华优秀传统文化的重要组成部分，在大学生创新创业教育中，强调诚信为本对于构建商业信誉具有至关重要的意义。"人而无信，不知其可也"，这句出自《论语》的名言，深刻地阐述了诚信在人际交往和社会生活中的基础性作用。诚信，作为一种基本的道德准则，要求人们在言行上保持真实、一致，遵守承诺，不欺骗、不隐瞒。在商业活动中，诚信更是企业生存和发展的基石。

对于大学生创业者来说，诚信是赢得客户信任和市场认可的关键。在创业初期，他们可能面临各种困难和挑战，如资金短缺、市场竞争激烈等。在这种情况下，更要坚守诚信原则。在产品质量方面，要确保产品的性能、质量符合承诺，不虚假宣传，不偷工减料。只有这样，才能赢得消费者的信任和口碑，树立起良好的品牌形象。

在与合作伙伴的交往中，诚信也是建立长期稳定合作关系的基础。大学生创业者要遵守合同约定，按时履行义务，不拖欠货款，不泄露商业机密。在与供应商合作时，要按时支付货款，确保供应链的稳定运行；在与其他企业合作开展项目时，要充分发挥自己的优势，履行合作协议中的各项责任，共同实现项目目标。如果学生在合作中违背诚信原则，可能会导致合作关系破裂，损害企业的声誉，给创业带来严重的负面影响。

（二）承担社会责任促进可持续发展

中华优秀传统文化中蕴含着强烈的社会责任意识，"天下兴亡，匹夫有责"便是这种意识的生动体现。这种承担社会责任意识对大学生创业的可持续发展具有重要意义。在现代社会，企业不仅仅是追求经济利益的组织，还应该承担起对社会、环境和员工等多方面的责任。

大学生创业者在创业过程中，要关注社会需求，积极解决社会问题。在环保领域，随着人们对环境保护意识的不断提高，大学生创业者可以抓住机遇，开展与环保相关的创业项目，如研发环保产品、提供环保服务等。通过创新技术和商业模式，减少企业运营对环境的负面影响，为社会的可持续发展做出贡献。

第三节　中华优秀传统文化融入大学生创新创业教育碰到的问题及问题成因

一、中华优秀传统文化融入大学生创新创业教育中的问题

（一）各教育主体的重视程度不足

在高校层面，部分高校对中华优秀传统文化融入创新创业教育的重要性认识不足，尚未将其提升到学校发展战略的高度。这些高校在制订人才培养方案时，没有充分考虑传统文化与创新创业教育融合的需求，缺乏系统性的规划和顶层设计。在课程设置上，创新创业教育课程往往侧重于传授创业技能和商业知识，对传统文化的融入只是浅尝辄止，没有形成有机的整体。部分高校仅仅开设了少量与传统文化相关的选修课程，且这些课程在教学内容和教学方法上，也未能与创新创业教育进行有效结合，导致学生无法真正理解传统文化在创新创业中的价值。

从教师角度来看，许多教师对传统文化的理解不够深入，缺乏将传统文化融入创新创业教育的意识和能力。在教学过程中，教师更注重专业知识和技能

的传授，忽视了传统文化对学生思想观念和价值取向的影响。一些教师自身对传统文化的学习和研究不足，无法在课堂上灵活运用传统文化元素，为学生提供有深度的指导。在讲解创业案例时，教师很少从传统文化的角度进行分析，没有引导学生挖掘传统文化中的创业智慧和精神内涵。此外，教师在教学评价中，也往往更关注学生的专业成绩和实践能力，对学生在传统文化素养方面的提升缺乏有效的评估和反馈。

学生方面，由于受到社会功利主义思潮的影响，部分学生过于注重短期利益和实际技能的获取，对传统文化的学习兴趣不高。在选择课程和参与活动时，他们更倾向于那些能够直接带来职业发展和经济回报的内容，而忽视了传统文化对自身综合素质和长远发展的重要性。一些学生认为传统文化与创新创业关系不大，学习传统文化只是为了满足学校的课程要求，没有真正认识到传统文化在激发创新思维、培养道德品质等方面的积极作用。在创新创业实践中，学生往往缺乏对传统文化的运用意识，无法将传统文化元素融入到创业项目中，导致创业项目缺乏文化内涵和特色。

（二）中华优秀传统文化融入大学生创新创业教育的融合方式较为片面

当前，个别院校使用的将中华优秀传统文化融入大学生创新创业教育的方式较为单一，主要局限于课程教学这一途径。在课程教学中，虽然已有部分高校开设了相关的融合课程，但教学方法仍然以传统的讲授式为主，缺乏互动性和创新性。教师在课堂上主要是讲解传统文化知识和创新创业理论，学生被动接受，缺乏实践体验和思考探索的机会。这种教学方式难以激发学生的学习兴趣和积极性，也不利于学生对知识的深入理解和运用。在讲解传统文化中的创业思想时，教师只是简单地介绍相关理论，没有引导学生通过案例分析、小组讨论等方式，深入探讨这些思想在现代创业中的应用，导致学生对知识的理解停留在表面。

除了课程教学，在实践教学、校园文化建设等方面，传统文化的融入还不够充分。在实践教学环节，如创业实训、实习基地等，很少有机会让学生接触和运用传统文化。学生在实践中更多地关注商业运作和技术应用，没有将传统文化与实际项目相结合，无法真正体会到传统文化在创新创业中的价值。在校园文化建设方面，虽然一些高校举办了与传统文化相关的讲座、展览等活动，但这些活动往往与创新创业教育脱节，没有形成有效的联动机制。这些活动没有针对创新创业教育的需求进行设计，无法引导学生将传统文化知识与创新创业实践相结合，导致活动的效果大打折扣。

（三）中华优秀传统文化融入大学生创新创业教育缺乏有效的评价体系

有效的评价体系是衡量中华优秀传统文化融入大学生创新创业教育效果的重要手段，但目前这方面还存在明显不足。现有的评价体系往往侧重于对学生专业知识和技能的考核，对传统文化素养和创新创业精神的评价缺乏科学的标准和方法。在课程考核中，主要以考试成绩为主，对学生在学习过程中对传统文化的理解、运用能力以及创新创业思维的培养等方面，缺乏全面、客观的评价。当前的评价方式无法准确反映学生在融合教育中的实际收获，也不利于教师及时调整教学策略，改进教学方法。

评价主体单一也是当前评价体系存在的问题之一。目前的评价主要由教师进行，缺乏学生自评、互评以及企业、社会等第三方评价主体的参与。教师评价往往存在一定的主观性和局限性，无法全面了解学生在创新创业实践中的表现和成长。学生自评和互评可以让学生从不同角度认识自己和他人的优势与不足，促进学生的自我反思和相互学习。企业和社会作为创新创业教育的最终受益者，他们的评价能够更真实地反映学生的实际能力和素质，但目前他们在评价体系中的参与度较低，导致评价结果无法全面反映学生在实际创新创业环境中的适应能力和竞争力。由于缺乏有效的评价体系，无法对融合教育的效果进行准确评估，难以发现融合过程中存在的问题和不足，从而影响了融合教育的持续改进和发展。

二、中华优秀传统文化融入大学生创新创业教育的问题成因

（一）高校教师教育理念落后

传统教育理念在高校中仍然占据一定的主导地位，过于注重专业知识的传授和学术研究成果的取得，对学生综合素质的培养，尤其是创新创业能力和传统文化素养的提升重视不足。这种教育理念导致高校在制订人才培养方案时，缺乏对中华优秀传统文化融入创新创业教育的整体规划和系统性思考。在课程设置上，往往将创新创业教育和中华优秀传统文化教育视为两个独立的模块，没有充分认识到两者之间的内在联系和相互促进作用。部分高校仅仅将创新创业教育作为一门或几门课程来开设，没有将其贯穿于整个人才培养过程中；而传统文化教育也多以选修课程或讲座的形式出现，缺乏与专业教育和创新创业教育的有机融合。这种分离式的教育模式，使得学生无法真正理解传统文化在创新创业中的价值和作用，也难以将传统文化知识转化为实际的创新创业能力。同时，在教学过程中，传统的"以教师为中心"的教学模式依然普遍存在，忽视了学生的主体地位和个性化需求。教师在课堂上主要采用讲授式教学方法，缺乏对学生创新思维和实践能力的培养。在传统文化教学中，教师往往侧重于讲解传统文化的历史背景、经典著作等知识，没有引导学生深入思考传统文化与现代社会的联系，以及如何将传统文化应用于创新创业实践中。在创新创业教育中，教师也多是传授创业技巧和商业知识，缺乏对学生创业精神、文化素养和社会责任感的培养。这种教学模式无法激发学生的学习兴趣和主动性，不

利于学生综合素质的提升。

（二）学校师资力量不足

高校创新创业教育与传统文化教育的师资队伍建设存在明显不足，严重影响了两者的融合效果。

第一，创新创业教育教师大多缺乏传统文化知识背景。许多教师来自经济管理、市场营销等专业领域，虽然在创新创业理论和实践方面具有一定的经验，但对中华优秀传统文化的了解和研究不够深入。他们在教学过程中，难以将传统文化元素有机地融入到创新创业教育中，无法为学生提供全面、深入的指导。在讲解创业案例时，教师可能无法从传统文化的角度进行分析，挖掘其中蕴含的创业智慧和精神内涵；在引导学生进行创业项目策划时，也难以启发学生运用传统文化的思维方式和价值观念，提升项目的文化内涵和独特性。

第二，传统文化教育教师对创新创业教育的了解也相对较少。他们在教学中主要关注传统文化的学术研究和传承，缺乏对创新创业教育的认识和实践经验。这使得他们在教学过程中，难以将传统文化与创新创业教育进行有效对接，无法满足学生在创新创业实践中对传统文化知识的需求。在传统文化课程中，教师可能只是单纯地讲解传统文化知识，没有引导学生思考如何将这些知识应用于创新创业领域，导致学生所学的传统文化知识与实际需求脱节。

第三，高校对创新创业教育与传统文化教育师资队伍的培训和培养机制不完善，缺乏系统的培训计划和有效的培养措施。这使得教师难以提升自身的跨学科教学能力，无法适应新时代对创新创业教育与传统文化教育融合的要求。

（三）资源整合不足

高校在将中华优秀传统文化融入创新创业教育的过程中，资源整合不足是一个突出问题。

其一，校内资源未能实现有效整合。创新创业教育与传统文化教育分属于不同的部门或机构，缺乏有效的沟通与协作机制。创新创业学院主要负责创新创业课程的开设、实践活动的组织等工作，而传统文化教育则多由人文学院或相关研究机构承担。由于部门之间缺乏协同合作，导致在课程设置、教学内容、实践活动等方面难以实现有机融合。创新创业课程与传统文化课程之间缺乏衔接和互动，学生在学习过程中无法形成完整的知识体系；在实践活动中，也无法将传统文化元素充分融入到创新创业项目中，影响了实践效果。

其二，高校与校外资源的合作不够紧密。创新创业教育需要与企业、社会等外部资源进行广泛合作，获取实践机会、资金支持、市场信息等。然而，在将传统文化融入创新创业教育的过程中，高校与校外资源的合作还存在不足。企业对传统文化在创新创业中的价值认识不够深刻，参与高校创新创业教育的积极性不高，导致高校在开展与传统文化相关的创新创业实践活动时，缺乏企业的支持和指导。高校与社会文化机构、行业协会等的合作也不够深入，无法充分利用社会文化资源，为学生提供丰富的传统文化学习和实践机会。由于资源整合不足，高校在将中华优秀传统文化融入创新创业教育时，面临着教学资源匮乏、实践平台不足等问题，制约了融合工作的深入开展。

第四节　中华优秀传统文化融入大学生创新创业教育的策略

一、完善顶层设计

（一）制定融合规划

高校应从战略高度出发，制定中华优秀传统文化融入大学生创新创业教育的长期融合规划。规划需明确具体的目标，例如要在未来几年内，使全校各专业普遍实行的创新创业课程中融入传统文化元素，学生对传统文化在创新创业中作用的认知度达到较高水平。通过明确这些目标，为融合工作提供清晰的方向和可衡量的标准。

在任务方面，要涵盖课程体系建设、师资队伍培养、实践活动开展等多个关键领域。在课程体系建设上，需系统梳理现有创新创业课程，明确哪些课程适合融入传统文化，以及融入的具体内容和方式。可以开发专门的传统文化与创新创业融合课程，如"传统文化与创业思维""传统技艺与创新产品开发"等，丰富课程体系。在师资队伍培养任务中，制定教师培训计划，定期组织教师参加传统文化与创新创业教育融合的培训工作坊、学术研讨会等，提升教师的融合教学能力。鼓励教师开展相关的教学研究，探索创新的教学方法和模式，以更好地实现教学目标。

实施步骤应分阶段进行，确保工作稳步推进。在第一阶段，开展广泛的调研和宣传工作。深入了解教师、学生对传统文化融入创新创业教育的需求和看法，为后续工作提供依据。同时，通过校园宣传、讲座等形式，提高师生对融合重要性的认识，营造良好的融合氛围。第二阶段，进行课程试点改革。选取部分创新创业课程进行传统文化融入的试点教学，不断总结经验，优化教学方案。在试点过程中，组织教师进行教学反思和交流，及时解决出现的问题。第三阶段，全面推广融合课程和教学模式。在总结试点经验的基础上，将成功的融合课程和教学模式推广到全校的创新创业教育中，实现传统文化与创新创业教育的深度融合。

（二）建立协同机制

加强学校、政府、企业、社会文化机构的协同合作，是实现中华优秀传统文化融入大学生创新创业教育的重要保障。

学校与政府的合作，能够获取政策支持和资源保障。政府可以出台相关政策，鼓励高校开展传统文化与创新创业教育融合的改革，对积极推进融合工作的高校给予资金支持、项目扶持等。学校应积极与政府相关部门沟通，争取政策优惠，组织学生参与政府组织的文化产业项目和创新创业活动。学校可以与当地文化和旅游部门合作，组织学生参与地方文化遗产保护和开发项目，将传统文化元素融入到旅游产品创新和文化创意产业中，既可以为学生提供实践机会，同时也推动地方文化产业的发展。

学校与企业合作，能够为学生提供实践平台和实际案例。企业在市场运作和创新创业实践方面具有丰富的经验，学校可以与各类企业建立合作关系，共建创新创业实践基地。企业为学生提供实习岗位和创业项目，让学生在实践中了解市场需求，将传统文化知识应用到实际的创新创业中。企业还可以参与学校的课程设计和教学活动，派遣企业导师到学校授课，分享企业的创新创业经验和实际案例，使学生更好地了解行业动态和市场趋势。学校与一家互联网科技企业合作，可以开展基于传统文化的移动应用开发项目，学生在企业导师的指导下，将传统文化元素融入到应用设计中，不仅提升了自己的创新创业能力，也为企业带来了新的创意和发展思路。

学校与社会文化机构合作，能够丰富教学资源和文化体验。社会文化机构如博物馆、图书馆、文化艺术团体等，拥有丰富的传统文化资源。学校可以与这些机构合作，开展文化讲座、展览、实践活动等。学校与博物馆合作举办传统文化展览，组织学生参观学习，让学生近距离感受传统文化的魅力；邀请文化艺术团体到学校进行表演和交流，为学生提供传统文化艺术的体验和学习机会。

学校还可以与文化研究机构合作，开展传统文化的研究项目，为创新创业教育提供理论支持和文化内涵挖掘。通过与社会文化机构的合作，拓宽学生的文化视野，激发学生的创新灵感，促进传统文化与创新创业教育的深度融合。

二、优化课程体系

（一）开设专门课程

高校应积极开发融合优秀传统文化的创新创业专门课程，丰富课程内容，为学生提供系统学习传统文化与创新创业知识融合的平台。这些课程应深入挖掘传统文化中的创新创业元素，如传统商业智慧、老字号企业的经营理念、古代科技创新案例等。在"传统文化与创业思维"课程中，可以详细介绍晋商、徽商等传统商帮的经营之道，分析他们如何凭借诚信、团结、进取等价值观在商业领域取得成功，以及这些理念对现代创业的启示。通过研究晋商的票号制度，让学生了解到金融创新在商业发展中的重要性，以及诚信在商业信誉建立中的关键作用。

课程内容还可以涵盖传统艺术、手工艺等领域与创新创业的结合。开设"传统技艺与创新产品开发"课程，介绍中国传统的陶瓷、丝绸、木雕等技艺，引导学生探索如何将这些传统技艺与现代设计、市场需求相结合，开发出具有创新性和市场竞争力的产品。可以邀请传统手工艺人走进课堂，现场展示技艺，并与学生分享他们的创业经验和创新思路。组织学生参观传统手工艺作坊，让学生亲身感受传统技艺的魅力和价值，激发他们的创新灵感。通过这些课程，让学生不仅了解传统文化的内涵，更学会如何将其转化为创新创业的动力和资源，培养学生的文化自信和创新能力。

（二）融入专业课程

在各专业课程设置中加入传统文化元素，实现知识与文化的深度融合，是优化课程体系的重要举措。不同专业可以根据自身特点，巧妙地将传统文化融入教学内容。如在设计类专业课程中，可引入中国传统美学思想和设计理念，如中国传统建筑中的对称美、园林设计中的意境美等，启发学生在现代设计中传承和创新传统文化元素。在讲解平面设计课程时，可以分析中国传统书法、绘画中的线条运用和构图技巧，引导学生将这些元素运用到平面设计作品中，提升作品的文化内涵和艺术价值。在服装设计课程中，介绍中国传统服饰的款式、色彩、图案等特点，鼓励学生将传统服饰元素与现代时尚相结合，设计出具有中国特色的服装作品。在理工科专业课程中，同样可以融入传统文化元素。在材料科学课程中，可以介绍中国古代在陶瓷、金属冶炼等方面的卓越成就，以及这些传统工艺背后蕴含的科学原理和技术创新。通过讲述古代陶瓷制作过程中对材料配方、烧制温度和气氛的精准控制，让学生了解到古人在材料科学方面的智慧和创造力，激发学生对材料科学研究的兴趣和创新精神。在工程力学课程中，可引入中国古代建筑结构中的力学原理，如赵州桥的独特设计如何巧妙地运用力学知识实现千年不倒，引导学生从传统文化中汲取灵感，培养学生的工程思维和创新能力。通过在专业课程中融入传统文化元素，使学生在学习专业知识的同时，感受到传统文化的博大精深，培养学生的跨学科思维和综合素养，为学生的创新创业实践奠定坚实的基础。

三、丰富实践活动

（一）举办文化主题创业竞赛

学校应积极组织以传统文化为主题的创业竞赛，为学生搭建实践平台，激发学生的创新实践能力。在竞赛主题设定上，紧密围绕传统文化的各个领域，如传统手工艺、民俗文化、传统医药、古典文学等。例如，开展"传统手工艺创新设计创业竞赛"，鼓励学生深入挖掘中国传统陶瓷、木雕、刺绣等手工艺的文化内涵，结合现代设计理念和市场需求，设计出具有创新性和实用性的产品，并制定相应的创业计划书。在竞赛过程中，要求学生不仅要展示产品的设计方案，还要阐述其背后的传统文化故事和创新思路，以及市场推广和营销策略。

为了确保竞赛的顺利进行和达到预期效果，学校应邀请专业的评委团队，包括传统文化方面的专家、创业导师、企业界人士等。传统文化专家可以从文化内涵和传承的角度对参赛作品进行评价，指出学生在传统文化理解和运用方面的优点和不足；创业导师则可以从创业项目的可行性、商业模式、团队协作等方面给予指导和建议；企业界人士能够根据市场需求和行业发展趋势，对参赛项目的市场前景进行评估，提出实际的市场反馈和改进方向。如在"传统医药创新应用创业竞赛"中，邀请中医药专家对参赛项目中传统医药的配方、疗效等进行专业评估，创业导师对项目的商业运营模式进行分析，企业界人士从市场需求和竞争的角度提出意见，使学生能够从多个角度完善自己的创业项目。通过举办这样的文化主题创业竞赛，不仅能够激发学生对传统文化的兴趣和热爱，还能锻炼学生的创新思维和实践能力，提高学生的综合素质和竞争力。

（二）开展创业实践项目

高校应大力鼓励学生开展与传统文化相关的创业实践项目，并为学生提供全方位的支持与指导。在项目启动阶段，学校可以设立专门的创业项目孵化中心，为学生提供场地、设备、资金等方面的支持。场地方面，为学生提供宽敞明亮的办公空间和实验场地，满足学生项目研发和产品制作的需求；设备上，配备先进的生产设备、实验仪器和办公设备，确保学生能够顺利开展项目。资金支持可以通过设立创业基金、提供无息贷款等方式，帮助学生解决创业初期的资金难题。学校还可以组织创业培训和讲座，邀请成功的企业家、创业导师和传统文化专家为学生传授创业经验、市场分析方法和传统文化知识。这些培训和讲座可以涵盖创业项目的策划与执行、市场调研与分析、商业模式设计、传统文化与创新思维等多个方面，使学生能够全面了解创业过程和传统文化在创业中的应用。

在项目实施过程中，学校安排专业教师作为导师，为学生提供一对一的指导。导师可以根据学生的项目特点和需求，在技术研发、产品设计、市场营销等方面给予具体的建议和帮助。对于一个以传统民俗文化为主题的旅游创业项目，导师可以指导学生深入挖掘当地民俗文化的特色和亮点，设计出具有吸引力的旅游线路和产品；在市场营销方面，帮助学生制定合理的推广策略，利用互联网平台和社交媒体进行宣传推广，提高项目的知名度和影响力。学校还应加强与企业和社会的合作，为学生的创业实践项目提供更多的资源和支持。与企业合作，为学生提供实习机会和实践平台，让学生能够接触到实际的商业运作和市场需求；与社会文化机构合作，为学生提供传统文化资源和文化交流机会，拓宽学生的文化视野，激发学生的创新灵感。通过开展与传统文化相关的创业实践项目，让学生在实践中深入了解传统文化，提高创新创业能力，实现传统文化的传承与创新。

四、加强师资队伍建设

（一）培训现有教师

高校应高度重视现有教师队伍的培训工作，制定系统、全面的培训计划，提高教师在传统文化和创新创业教育方面的教学能力。定期组织教师参加相关的培训课程和学术研讨会。在培训课程中，邀请传统文化领域的专家学者，深入讲解中华优秀传统文化的精髓，包括儒家、道家、法家等思想流派的核心观点，以及诗词、书画、传统工艺等文化艺术形式的内涵和价值。通过这些课程，教师能够深入了解传统文化的内涵，为在教学中融入传统文化奠定坚实的理论基础。通过培训课程，教师可以学习到传统文化在教育中的应用案例和方法，拓宽教学思路；参加"创新创业教育前沿理论与实践"学术研讨会，教师能够了解到最新的创新创业教育理念和实践经验，提升自己的创新创业教育水平。

为了让教师更好地将理论知识应用到实际教学中，学校还可以组织教学实践活动，如教学观摩、案例分析等。在教学观摩活动中，安排教学经验丰富、融合教学效果好的教师进行公开课展示，其他教师通过观摩学习，借鉴其教学方法和技巧。在案例分析活动中，教师共同探讨实际教学中的案例，分析如何将传统文化与创新创业教育有机结合，解决教学中遇到的问题。组织教师观摩"传统文化与创业思维"课程的公开课，让教师学习如何引导学生从传统文化中汲取创业灵感；开展案例分析活动，讨论如何在"产品设计与开发"课程中融入传统文化元素，提升产品的文化内涵和竞争力。通过这些教学实践活动，教师能够不断提升自己的教学能力，更好地实现传统文化与创新创业教育的融合。

（二）引进专业人才

为了充实师资队伍，提升教学质量，高校应积极引进具有传统文化和创新创业背景的专业人才。这些人才不仅具备扎实的专业知识，还拥有丰富的实践经验，能够为学生带来更广阔的视野和更实用的指导。在招聘过程中，学校应明确招聘要求，重点关注应聘者在传统文化和创新创业领域的研究成果、实践经验以及教学能力。优先招聘那些在传统文化研究方面有深入见解，同时在创新创业实践中取得一定成绩的人才。可以招聘具有传统文化研究背景，同时参与过文化创意产业创业项目的人才，他们能够将自己的实践经验融入到教学中，为学生提供真实的创业案例和实践指导。

对于引进的专业人才，学校要为其提供良好的工作环境和发展空间，充分发挥他们的专业优势。提供充足的教学及科研资源，包括教学设备、图书资料、实验室等，支持他们开展教学和科研工作；建立完善的激励机制，对在教学和科研方面表现优秀的人才给予奖励，激发他们的工作积极性和创造力。学校还可以组织团队建设活动，促进新引进人才与现有教师之间的交流与合作，形成良好的教学氛围和团队合作精神。通过引进专业人才，充实师资队伍，高校能够为学生提供更优质的教育服务，推动中华优秀传统文化与创新创业教育的深度融合。

五、构建评价体系

建立科学合理的评价指标体系，全面、客观评价中华优秀传统文化融入大学生创新创业教育效果。评价指标应涵盖多个维度，确保评价的全面性和准确性。在知识掌握维度，考查学生对传统文化知识和创新创业知识的理解与掌握程度。可以通过考试、作业、论文等方式，检测学生对传统文化中的创业思想、商业智慧、创新案例等知识的了解情况，以及对创新创业理论、方法和技能的熟悉程度。设置关于传统文化中创业思想的论述题，要求学生阐述儒家、道家等思想流派的创业理念及其对现代创业的启示；通过创业计划书的撰写，考查学生对创新创业流程和方法的掌握。

在能力提升维度，重点评估学生的创新能力、创业能力和实践能力。创新能力方面，观察学生在创业项目中是否能够运用传统文化元素提出新颖的创意和解决方案，是否能够突破传统思维的束缚，实现产品或服务的创新。创业能力考查学生的市场分析、项目策划、团队管理、市场营销等能力，以及在创业过程中应对各种挑战和困难的能力。实践能力则关注学生在实际操作中的表现，如是否能够将理论知识应用到实践中，是否具备实际动手能力和解决实际问题的能力。通过创业实践项目的开展，观察学生在项目实施过程中的表现，评估其能力提升情况。

在素质养成维度，评价学生的道德品质、团队协作精神、社会责任感等方面的发展。道德品质考查学生是否具备诚信、敬业、守法等基本道德素养，在创业活动中是否遵守商业道德和法律法规。团队协作精神评估学生在团队中的沟通、协调、合作能力，以及是否能够发挥自己的优势，为团队的发展贡献力量。社会责任感考查学生是否关注社会问题，是否将创新创业与社会需求相结合，努力为社会创造价值。通过学生在创业团队中的表现、参与社会公益活动的情况等，综合评价学生的素质养成情况。

在评价方式上，应采用多元化的方式，确保评价结果的客观公正。教师评价是重要的组成部分，教师凭借专业知识和教学经验，对学生的学习过程和成果进行全面、深入的评价。学生自评能够让学生反思自己的学习和成长过程，发现自己的优点和不足，明确努力的方向。学生互评则可以促进学生之间的交流与学习，让学生从他人的角度了解自己的表现，拓宽视野。引入企业、社会等第三方评价主体，能够从实际应用和社会需求的角度，对学生的创新创业能力和成果进行评价，使评价结果更具现实意义。邀请企业专家对学生的创业项目进行评估，从市场需求、商业可行性等方面提出意见和建议，收集社会公众对学生创业项目的反馈，了解项目的社会影响力和认可度。通过多种评价方式的综合运用，全面、客观地评价中华优秀传统文化融入大学创新创业教育的效果，为进一步改进教学提供依据。

六、创建文化实践平台

（一）建立文化传承基地

高校应积极建立中华优秀传统文化传承基地，整合校内资源，为学生提供深入学习传统文化的场所。在基地建设方面，可结合学校的学科特色和地域文化优势，打造具有特色的项目。如果学校位于具有丰富陶瓷文化底蕴的地区，可以建立陶瓷文化传承基地，配备专业的陶瓷制作设备和工作室，邀请陶瓷工艺大师入驻，为学生提供专业的指导。在基地中，学生可以学习陶瓷的制作工艺，如拉坯、彩绘、烧制等，了解陶瓷文化的历史和内涵，将传统文化与现代设计理念相结合，开发出具有创新性的陶瓷产品。

基地还应定期举办传统文化展览、讲座、工作坊等活动，为学生提供多元化的学习体验。举办中国传统书画展览，展示历代名家的书画作品，让学生领略传统书画的艺术魅力；邀请传统文化专家举办讲座，讲解传统文化的经典著作、思想流派等知识，加深学生对传统文化的理解；开展传统手工艺工作坊，如剪纸、刺绣、木雕等，让学生亲自动手实践，掌握传统手工艺的技巧和方法。通过这些活动，激发学生对传统文化的兴趣和热爱，提高学生的文化素养和实践能力。

（二）利用网络平台拓展实践空间

随着互联网技术的飞速发展，网络平台已成为开展文化实践活动的重要渠道。高校应充分利用网络平台，拓展中华优秀传统文化融入创新创业实践的空间。建立专门的传统文化与创新创业教育网站，整合丰富的教学资源，包括传统文化的经典文献、案例分析、视频课程等，为学生提供便捷的学习平台。网站还可以设置在线交流论坛，让学生和教师、专家之间能够进行互动交流，分享学习心得和实践经验，解答学生在学习和实践过程中遇到的问题。

利用社交媒体平台，开展丰富多彩的文化实践活动。通过微信公众号、微博等社交媒体，发布传统文化与创新创业相关的内容，如传统文化故事、创业案例、创新项目展示等，吸引学生的关注和参与。举办线上传统文化创意设计大赛，鼓励学生将传统文化元素与现代设计相结合，通过网络平台提交作品，进行线上评选和展示。这样不仅能够激发学生的创新思维和实践能力，还能扩大活动的影响力,吸引更多的学生参与到传统文化与创新创业的实践中来。还可以利用虚拟现实(VR)、增强现实(AR)等技术,打造沉浸式的文化体验场景,让学生身临其境地感受传统文化的魅力,为创新创业实践提供更多的灵感和创意。

参考文献

[1] 龚良虎，孔凡瑜．铸就社会主义文化新辉煌——新时代中华优秀传统文化的传承与发展 [J].无锡职业技术学院学报,2023(05):58-62.

[2] 巩立超．新媒体时代中华优秀传统文化的传承与发展策略 [J].商业经济,2023(02):152-153.

[3] 郭爱斌．中华优秀传统文化的传承与发展 [J].边疆经济与文化,2019(09):52-55.

[4] 郭慧毅，石慧．新时代中华优秀传统文化的传承与发展研究 [J].中国民族博览,2023(05):94-96.

[5] 郭莉，柳静．中国传统文化传承与发展研究 [J].文化产业,2021(35):76-78.

[6] 韩美群．新时代传承与发展中华优秀传统文化的方法论探析 [J].马克思主义与现实,2020(05):97-102.

[7] 韩晓燕．新媒体环境下优秀传统文化传播机制研究 [M].北京:经济日报出版社,2019.

[8] 何丽芳．美丽乡村建设中的传统生态文化传承与发展 [J].中南林业科技大学学报 (社会科学版),2015(04):11-14.

[9] 黄晓利，赵洪波．中国传统文化概观 [M].成都:西南交通大学出版社,2014.

[10] 黄奕萌．论传统文化中"治"的传承与发展 [J].汉字文化,2022(02):171-172.

[11] 姜新宇，熊琪．习近平治国理政思想对中华优秀传统文化的传承与发展 [J]. 四川省社会主义学院学报,2020(02):66-69.

[12] 蒋珠丽，覃伟津．人类命运共同体思想对中华优秀传统文化的传承与发展 [J]. 领导科学论坛,2023(02):17-22.

[13] 李才朝．生态主义视角下优秀传统文化的传承与发展 [J]. 鲁东大学学报 (哲学社会科学版),2019(03):25-29.

[14] 李辉．文化振兴视域下农村优秀传统文化传承与发展研究 [J]. 山东农业工程学院学报,2024(02):91-95.

[15] 李林．积极推动优秀传统文化的传承与发展 [J]. 人民论坛,2019(04):140-141.

[16] 李珊珊,刘瑾芫.浅析优秀传统国学文化的传承与发展[J].汉字文化,2023(24):43-45.

[17] 梁洁.跨文化交际视域下中国传统礼仪的传承与发展[J].文化学刊,2021(06):83-85.

[18] 刘翠翠.新媒体环境下传统音乐文化的传承与发展[J].青年记者,2019(02):65-66.

[19] 刘洋．关于中华优秀传统文化传承与发展的策略与思考 [J]. 科学咨询 (教育科研),2023(11):54-56.

[20] 鲁鲜亮．新时代中华优秀传统文化传承与发展路径探析 [J]. 汉字文化,2022(08):169-171.

[21] 梅备荒．数字化助推传统文化传承与发展 [J]. 文化产业,2023(32):97-99.

[22] 穆希．文化记忆下传统文化的传承与发展 [J]. 文化产业,2023(32):121-123.

[23] 彭翠．中华传统文化在新时代的传播与传承 [M]. 北京：中国传媒大学出版社,2022.

[24] 秦海燕．优秀传统文化的传承与创新 [M]. 长春：吉林出版集团股份有限公司,2018.

[25] 卫明皓．新时代中华优秀传统文化传承与发展路径探析 [J]. 汉字文化,2022(07):171-

172.

[26] 魏志鹏.新时代中华优秀传统文化传承与发展路径探析[J].汉字文化,2022(10):166-168.

[27] 文雨晴,梁林灿,李华新.新媒体在传统文化传承与发展中的应用探析[J].传播与版权,2021(02):101-103.

[28] 邢乐乐."两个结合"视域下中华优秀传统文化的传承与发展[J].现代商贸工业,2023(22):40-42.

[29] 徐波,刘映海,杨维.论新时期民族传统体育文化的现代传承与发展[J].辽宁经济管理干部学院学报,2023(01):48-50.

[30] 杨莎.新时代中华优秀传统文化的传承与应用[M].北京:北京工业大学出版社,2021.

[31] 杨文笔.中国传统文化导论[M].银川:宁夏人民出版社,2020.

[32] 余婧,晁洁,王海波."文化自觉"视域下高校中华优秀传统文化的传承与发展路径探究[J].汉字文化,2024(03):49-51.

[33] 唐婷.马林诺夫斯基的文化功能理论研究[D].哈尔滨:黑龙江大学,2018.

[34] 简红江.国内外创造学发展比较研究[D].合肥:中国科学技术大学,2012.

[35] 崔维新.多维视角下我国博物馆文化传播的理论与实践[M].北京:中国文史出版社,2022(6):229.

[36] 中共中央党史和文献研究院.全面建成小康社会大事记[EB/OL].2021-07-21/2024-9.3.https://www.gov.cn/xinwen/2021-07-27/content_5627807.htm.